暴れ牛と神さびる熊

星野紘

国書刊行会

暴れ牛と神さびる熊――供犠と霊送りの民俗誌◉目次

はじめに

一

当著で筆者が言いたかったこと、いわゆるみそとなるところを、最初に説明しておきたい。つづめて言えば「破滅ほど豊穣になる」といったことである。

筆者は一九八〇年代から、中国やロシア、中央アジアなどのむら社会の歌と踊りを、日本のものと見比べながら採訪の旅を続けて来た。それがかれこれ三十年余りになり、なんらかのかたちでまとめておきたくなった。そして、この間ずっと気になっていたことがあり、当著の執筆もそのことに関わっているのである。

筆者の巡った所はユーラシアの各地、多くは農耕民地帯であったが、一部チャンスに恵まれて、北極海に面するタイガの西シベリアの地で熊祭りの歌と踊りを調査出来、それをも含んでいる。こちらの方は狩猟民地帯の伝承である。もっとも、小生の心をうずかせていたという右記のような伝承とは、田や畑で牛を使って農作業にいそしむ農耕民達のパフォーマンスに見られた〝暴れ牛の態〟と、それに連なるような事象である。つまり、生きもの（動物）をいじめ、彼《そ》の反発が激しければ激しいほど作物の豊穣につながかるといったふうな、どこか奇妙な、悪魔っぽい、アンビバレントな人々の信じ込み方である。

二

それに類した伝承のいくつかに思い当たるのだが、我々日本人の間でよく体験するのが獅子舞の場においてのことである。つまりこの折り幼子を泣きわめかせる大人達の所為である。嫌がる幼子の頭を奇怪な面相の獅子の口にはませ、火がついたように泣きわめく我が子を見て、親たちは満足するのである。もはやこの子から悪霊の類が寄りつかなくなったとでも思い込んでいるのである。

これとよく似た光景が秋田のナマハゲの一行が年末に各家々にやって来て、コタツにばかりへばりついているような弱虫の子供を威嚇するのである。子供達は恐がり逃げ回るのだが、大人達は傍観している。以後この子達が丈夫に育って行くことが保証されたように思うのである。毎年この場の光景が歳末の風物詩としてテレビ放映されている。

三

右のナマハゲと似たような光景を、筆者は中国やロシアでもいくつか体験している。中国雲南省大理白族イ族自治州内のイ族の村の、旧暦二月八日のモノ言わぬ唖し神が家々を来訪する行事である。一行が家の屋内まで上がり込みそこで踊るのだが、それがあまりにも激しくて床板を踏み破ってしまう場合があるというが、当家の人達はそれをむしろ歓迎するのだと文献に記してあった。是非それを見たいものだと現場を訪れたことがあるが、その時は唖し神達は訪問先の家の天井板部分を手の杖で突っつき、壁土をザラザラとこぼしていた（第二章の図17・図18）。雲南省楚雄イ族自治州のイ族の村では、若者達が豹の扮装をして、各家々の女の子を追い回し、逃げる彼女らの尻を杖で突っついていた。彼女たちが子宝に恵まれるようにとの所為だという。

ところで、この種の初春のトリックスター達の登場が、北欧から東欧をはじめヨーロッパ各地の旧来の民俗行事の中でこもごもに登場していることが、芳賀日出男著『ヨーロッパの古層の異人たち』（東京書籍、二〇〇三年）の中でヴィヴィッドな写真とともに紹介されている。実はこの種の伝承ではないかと思うが、リャジヌイ（仮面仮装のモノ）の名称で、ロシアの地でも登場していることをこの目で確認した。

一方、ペテルブルグ近くの古い町ノヴゴルドでの伝統的な行事の復活プログラムの中で、若者が殴り合いを演じていた。ロシア各民族の伝統的な祭り行事を紹介した絵本[1]によれば、ギリシャ正教の冬の追い出しのマースレニッツァ（カトリック教国の謝肉祭に当る）の折りにもこの種の殴り合いが行われており、そこでは相手を殴り倒してもよいが、痣をつけるまでは許されるものの、出血させることは厳禁であると説明されている。なぜそんなことまでするのか、よく理由が解らないが、初春の折りの若者による暴れ振りの習俗の一つである。

四

他方、当著で取り上げた〝暴れ牛の態〟とは、実は根底において右に紹介したユーラシア各地の初春の荒々しい執り行いと共通している。牛（耕作牛）に対して重労働を強いたり、あるいは棒で敲いたり、加重な物を載せてつぶしたりと力ずくで何らか牛を抑圧する（いじめる）。すると牛は暴れ出して、逃げ廻ったり、その場に倒れ込んだりと過剰な反応を見せる。ややサデステックな心理が人間側に働いているのではないかと思うのだが、牛の受けるダメージが大きければ大きいほど、稲作などの作物の豊穣に繋がるとか、人々になにか吉祥が得られるものと理解されている。

　このような思考回路の伝承は、単に日本だけでなく中国やさらに西の方にも広がっているようだ。農作業中に使役されていた畜牛が耕田作業を嫌がって逃げ回り、神社境内を暴れ廻る鹿児島県の太郎太郎祭りなどは日本の伝承の典型例であるが、これとよく似た次第を有するものが中国大陸でも行われている。春牛舞とか唱牛舞などと称されており南部に多く伝えられている。その一類と思われるが、広西壮族自治区のチワン族の春節の頃のカエル祭りの映像記録を見る機会があったが、エッチラオッチラ尻に犂を付けた牛を押していた農夫が、牛が突然作業を中止したためにその場にひっくり返ってしまう。牛と農夫との間で面白おかしいやりとりがあって、また作業を再開したのだが、これも一種の〝暴れ牛の態〟である。

五

　ところで動物いじめの極地と言えば、動物への殺戮行為である。これがユーラシアの各地で供犠の名で行われているが、右に紹介した〝暴れ牛の態〟との先後関係が明確でないところがあるのだが、牛の殺害所為と豊穣予祝のパフォーマンスとが併存している例ならいくつか知っている。中国の貴州省と広西壮族自治区との境に住んでいる白褲《バイク》ヤオ族の葬式の折りに牛を撲殺していたが、その所為の直前に、農夫が竹鞭で牛を追い回しくだんの牛の尻に馬鍬を付して耕田のまねを見せた。聞けば、死者があの世で食糧豊富に暮らせるようにするための所為だとのことであった。これは収穫後の秋の執り行いではあったが、初春の予祝行事に似ていた。W・エバーハルトは『古代中国の地方文化(2)』の中で、かつて実際の殺牛伝承があった地域で、後の時代に豊穣予祝のパフォーマンスがそれに取り替わって行われるようになったものであろうと、資料をあげて説明していた。「春牛」とか「打牛」と称される立春の頃に行われていた、粘土製の牛の像を叩き割りその破片に豊穣を託するという行事である。

宋代の詩に、粘土製の牛は通りを牽かれた後で「屠殺」され、農民達は角をもって退散すると書かれているが、これは生きた牛に対してすることと全く同じである。

つまり、牛の像の叩き割りが牛いじめに相当し、像の破片に豊穣のイメージが喩えられているとも言えるパフォーマンスだ。

西方の古代ギリシャにおいても、右の白褲《バイク》ヤオ族の葬儀における殺牛と犂耕のパフォーマンスとの併存儀礼に似たことが行われていた。もっともこちらは前者と後者が逆にはなっていた。J・E・ハリソンの『古代芸術と祭式(3)』にそのことが紹介されており、ユーラシアの東西に近似の伝承が有ったことには驚く。

牡牛は壮重を極めた儀式をもって殺され、そして参列したすべての人々によって肉が食べられ、それから——皮が藁を塡めて縫い合わせられ、…（中略）…あだかも耕作しているかのように犂につながれる。「死」のあとに復活がつづいて来るのである。

日本の田遊び（御田などとも）、中国の春牛舞の類に類似した耕作牛のパフォーマンスは、〝暴れ牛の態〟とは限らないけれども、様々に西方の地にも存在する。先に紹介した芳賀日出男著『ヨーロッパの古層の異人たち』には、耕作中の農婦が、農機具の側に倒れ込み出産している様子の写真（キューピー人形風なものが映っている）が同書の一一五頁に掲載されているが、子宝に作物の豊穣を仮託する日本の田遊びの発想にも通ずるものだろう。また、アフガニスタン境のウズベキスタンの南部の町ボイスンを採訪した折りに、耕作牛の角の見事さを誉め称える歌を聞いたが、牛の角や蹄の見事さに除災招福を祈念する日本の伝承でも見かける次第である。

六

右に縷々紹介した〝暴れ牛の態〟と対照的なのが、熊祭りにおいて、殺される動物の熊の表情である。それは〝神さびる熊〟といった姿である。有名なアイヌの熊祭り（イオマンテ）では、カムイユカㇻ（神謡）という叙事歌（語り）の一節に、熊が殺され、解体されるくだりにおいて、〝神さびる熊〟という表現がなされているのである。もちろん殺される熊は暴れるのであって、屈強の男どもが二本の丸太ん棒で熊の首を挟み圧死させる様は残酷であり、かつてこの祭りの執り行いが動物愛護主義者の猛反対に遇ったという。しかしながらひとたび、熊が生理的に死んでしまえば、人間側の無慈悲ともいえる処遇に対して、熊はきわめて従順である。〝神さびる〟とは、獣から霊的存在へと移り行くプロセスの表現である。農耕民の場合の〝暴れ牛〟の表現とは違って、獣に対する人々の何か敬虔な気持ちが表れ出ているように思われる。動物は人々の日々の生の糧であり、その肉体に対する殺害行為を凄惨なものなどと批判する余裕もなければ、その肉が日々人々の自らの生をつなぐものであるから、これに感謝することこの上なしといった狩猟民の心情というものではなかろうか。

ところで、J・E・ハリソンは先述の著書の中で、古代ギリシャの春祭りの折りの、牡牛の殺害とその肉を食べること、そして犂耕のパフォーマンスを演ずるこの行事について、樺太島のアイヌの熊祭りにおいて、その精神が今日に生きて存在していると記していたが[4]、筆者は、それはどうかと思われる解釈のように思っている。〝暴れ牛の態〟の場合には、殺される動物（牛）の心を思いやるということは全く無く、豊穣という農耕民側の現世利益的効用の方が際立っているように思われるからだ。他方、今日アイヌの熊祭りは、アイヌ語のイオマンテ（熊の霊送り）という概念で呼称すべきだということとなっているように、熊の霊への思いが強調されている。

七

誤解を生ずるといけないので、熊祭りの熊の方は、〝破滅ほど豊穣になる〟といったアンビバレントな感覚は一切ないと記しておきたい。

アイヌのカムイユカㇽの熊の歌の中で熊が殺害、解体された後の表現に、

我は神のごと
どつと斃れ伏しぬ。

……（中略）……
うつらうつら眠りて
ふと目覚むれば
かくありけり、
一本の立樹の枝上に
手をだらりと下げ
脚をぶらりと下げて
我ありたり。(5)

とあるが、最後から二、三行目が、解体される熊の手や脚の肉体をまざまざと表現している。だからといって如何なる効用が人間側にあるとかという話になってはいない。ただそういう事実があることを述べているだけだ。概してカムイユカㇽの中での動物の死せる姿の表現はかくの如くで、死、それ自体で完結している。それ以外の効用といったようなことは求められていないように思う。ただし、聞き手あるいは読者の顎を解くような愉快な表現の話があって、相手を面白がらせるというエンターテーメントとしての役割りは果しているものはある。そのひとつを紹介しよう。例えば「ツスナバヌ（角鮫）の懲らしめされる話」である。

オキクルミたち（人間）によって捕えられようとして海中を逃げ回った鮫が、腹に銛を打ち込まれて死に至り、無様なすがたを波打ち際にさらしている。[6]

いろいろなる犬、いろいろなる鳥、我へ集ひ、我が上に屎し、我が上に尿す。

つまり、鮫の下顎は犬や鳥の便所と化し、上顎が石とともに沈みこんでいるという、なんとも哀れな姿だ。確かにこの話を聞く人、これを読む者の笑いを誘い込む巧みな表現となっている。だからといってそれが人間様を何か幸せにしてあげるといったふうな効用を有するまでには至っていない。

ちなみに、『神と肉――日本の動物供犠――』において著者の原田信夫は、狩猟採集民における動物殺しを〝縄文的供犠〟と命名し、他方農耕民的なそれを〝弥生的供犠〟と命名して、両者の動物殺しの違いを次のように述べている。

縄文的動物祭祀には、鎮魂的な要素が認められるが、予祝はあくまでも農耕を意識したものと考えるべきであろう。[7]

つまり熊の場合は縄文的動物殺しで、これまで筆者が言及して来た〝暴れ牛の態〟のようなものは農耕民に限られる事柄であって、狩猟採集民の熊祭りの熊の場合には考えられなかったことである。それはただ、人間の立場からすれば鎮魂の対象であり、熊はただ自らの霊の道を歩んで行くだけである。

八

とはいえ、狩猟民の熊祭りと、作物の豊穣予祝のパフォーマンスがともなう農耕民の殺牛儀礼とは、全く無縁なものとは言えないものだろうとは思われる。それがどういう関わり合いにあるのかを探ることは今後の我々の研究課題のように思う。

右のJ・E・ハリソンが、アイヌの熊祭りと古代ギリシャの春祭りに行われた牡牛殺し儀礼とを同一視した指摘の中で、アイヌのものではなくてトゥングース族のギリヤーク人の事例を紹介しているが、捕獲した熊を、祭りの前にむらの家々へ曳き回し、漁獲の豊かならんことなど人々を種々に祝福するという。この伝承は当時知られていたものらしく、例のフレイザーも『金枝篇』の中で紹介していた。(8) さらにフレイザーは、オロチでも同様なことが行われているとも指摘していた。これらの事例は熊が殺害される前の執り行いであり、必ずしも同列には論じられないが、筆者が機会あって採訪した西シベリアのハンテ人の熊祭りの次第においては、森で殺害、解体をした熊を橇に載せて、領域内の聖なる場所の各所巡りをすることが大事な次第として行われていることを知った。この事例を含めて、後述する初春の訪れ神のむらへの来訪行事とこれらとの関係が実は気になるところである。

ところで、ここで筆者の採訪体験を記したい。二〇〇六年の三月三日にブルガリアの黒海近くのポヴェダ村のクケリの行事を採訪したが、その前々日に調査した違う村の行事において、まるで本物の獣らしい熊が出現し徘徊していた。熊の毛皮で全身が覆われ、高い金網の塀によじ登ったりと結構荒々しく振る舞っていた。人間が扮しているものと解ってはいても獣と間違う人もいるかもしれないと思った。こうまで本物らしく振舞っていたのにはそれなりの理由があったのかとも思う。子宝に恵まれない女性はできるだけこの熊と接触しようとしていたし、腰が痛いとか身体のどこかに故障をかかえている老人などが、この熊に身体を踏んでもらい、元気を恢復するという呪《まじな》いを行ってもらっていた。

次にこれまでの研究者の言説に、熊と牛の動物殺しの儀礼を考えるにあたって、農耕民的なものと狩猟民的なものとがどこかで関係しあっているだろうという指摘が二つあったので紹介しておきたい。ひとつはアイヌの熊祭りが、仔熊を捕獲した後一、二年ほど飼育してからそれを殺害して熊祭りを執り行う形式のものであることについて、かつて文化人類学者の大林太良が、これは極東大陸側のアムール川流域の諸民族のものと共通の独特の習俗（〝飼い熊殺しの熊祭り〟）であると指摘するとともに、当該地域の農耕的な家畜飼育生業と関連していたものではなかったかと推定していた。[9]

もうひとつは、かつて折口信夫が提唱していたまれびと（訪れ神）に関するものである。折口は沖縄のマユンガナシィとかアカマタ、クロマタといった異形異相の態のモノの出現例をヒントとしてこれを思いついたということだが、それは海の彼方の常世の国からこの世に来訪して来るモノである。殊にこのまれびとへの言及は、歌や踊りのはじまりを説いた考察（『日本芸能史六講』）について、研究者間でいろいろ取沙汰されて来たものである。当著の第四章でもこれに言及しているが、毎年の祭りにまれびとが伴神とともに来訪し、人々と饗宴を行い、その折りに歌や踊りの〝芸能〟が始まったというように述べられていたと言う。[10]実は、このまれびとが熊祭りにも関わっていたのではないかと、金田一京助がかつて記していたのである。[11]すなわち〝熊祭りのご馳走のことを珍客振舞（マラプトイベ）とアイヌの人たちは呼んでいることから、捕獲された熊は、訪れ神であるという考えからの呼称である〟、というように記していたのである。右のギリヤーク人あたりの熊祭りにおけるむら回りと、中国やヨーロッパ方面にも広がっている農耕民地帯の初春の訪れ神（人間が仮面仮装したもの）とは一体どういう関係にあるのだろうか？

九

以上に取り上げて来た諸事象は多少演技がかった民俗伝承ということになる。しかし意外にもこれらは、大都会で隆盛を見た芝居（演劇）とも無関係ではないらしい。例えば、歌舞伎の初春興行に曽我兄弟などの荒事振りが上演される慣例があることについて、かつて歌舞伎研究者の郡司正勝が、『かぶきの発想』（弘文堂、一九五九）などの著作の中で強調していた、歌舞伎の発想の根底にある民俗的要素である。そういう祝儀性からは外れるが、芝居の名作場面（愁嘆場というか）といえば、物騒なストーリー展開のものばかりである。仮名手本忠臣蔵の浅野内匠頭の切腹場面、菅原伝授手習鑑の寺子屋の我が子殺し、はては近松門左衛門の名作と言えば恋仲の男女の心中ものである。芝居に行くとは涙を流しに行くみたいなものであるが、第二大戦直後の進駐軍の文化政策のもとで一時右のような、見方によっては残酷な日本の芝居の名作は、非人道的との理由で上演を禁止された。後に為政者側がその禁を解いたのだが、それなりに芝居は人騒がせな外見をしているのである。

日本以外でも演劇（悲劇）の名作とはこれと似たようなもので、それが大団円となって涙を流すことをカタルシス（浄化）などと言ってたたえられている。例えば西欧ドラマの基いとなったとされるギリシャ悲劇の中の「オイデイプス王」というのは、息を飲むようなストーリーの典型的な惨劇だと思う。テーバイの国における悪疫流行、不幸の蔓延状況に直面したオイディプス王は、予言者から先王（自分の父）の殺害にその原因がありと指摘され、その犯人捜しをするのだが、実は自らがその罪人であることが判明し、また自分の生みの母親とも自分は夫婦となっていることも明らかになり、ブローチの針で目を突き、盲目人となって劇は終わる。

ところで、右にたびたび引用をして来たJ・E・ハリソンの『古代芸術と祭式』は、古代ギリシャの諸種の芸術作品が祭式に出発していただろうということを証明せんと努めたものであり、ことに悲劇については次のように記していた。(12)

アテーナイの主要な周期祭の一つはディーテュラムボスの〈春祭り〉であった。このディーテュラムボスからアリストテレースが言うには悲劇が生まれた——すなわち祭式から芸術が生まれた。

そしてこの〈春祭り〉では、先の五項で引用しておいたような、牡牛の殺害とその肉を食すこと、そして犂耕の真似振りとが行われた。これが「死」と「復活」と表記してあったように、〝暴れ牛の態〟に引き寄せて表現すれば、〝破滅と豊饒〟ということになる。オイディプス王の悲劇などはそのような祭式儀礼が展開して行き着いた芸術作品ということになるのだろう。アテーナイの牡牛殺しの儀礼が具体的にやや解りにくい事例なので、イメージの上でこの悲劇の惨劇に連なるような卑近な春祭りの例をひとつ追加引用しておきたい。それは当稿の三で言及した、若者達の殴り合いが行われるロシアの冬の追い出し儀礼マースレニッツアのものに類似のもので、ここではカカシ人形の焼き捨てという次第がメーンとなっている。チェコのボヘミヤ地方の伝承について、J・E・ハリソンは次ぎのように表現している。(13)

「死」または「冬」を表わす人形は悪口を浴びせられ、手荒く扱われ、あるいは石を投げつけられ、何か一種の身代山羊《スケイプゴート》の扱いを受ける。

註

（1）Праздники народов（РОСМЗЕ ПРЕСС 2002）
（2）W・エバーハルト　白鳥芳郎監訳『古代中国の地方文化』（六興出版、一九八七）一六七頁
（3）J・E・ハリソン　佐々木理訳『古代芸術と祭式』（筑摩書房、一九七三）七六頁
（4）註3に同じ　七六頁
（5）久保寺逸彦編著『アイヌ叙事詩　神謡・聖伝の研究』（岩波書店、一九七七）六八頁

（6）金田一京助採集並ニ訳『ユーカラ　アイヌ叙事詩』（岩波書店、一九九三）三三頁
（7）原田信夫『神と肉――日本の動物供犠――』（平凡社、二〇一四）一七四頁
（8）フレイザー著　永橋卓介訳『金枝篇（四）』（岩波書店、一九九〇）六三頁
（9）『太陽』No.118（平凡社、一九七三）所載　大林太良「熊祭りの系譜」七七頁
（10）『折口信夫全集　第十八巻』（中央公論社、一九六七）所載「日本芸能史六講」三四四
（11）金田一京助採集並ニ訳『アイヌ叙事詩　ユーカラ』（岩波書店、一九九四）一六頁
（12）註3と同著の一〇〇頁
（13）註3と同著の五五頁

第一章　人はなぜ歌い踊るのか

一　歌と踊りの毀誉褒貶さ

私は歌や踊りの好きな人間かも知れない。けれどもそれらの実演家ではない。それを外から見ている者、いわゆる評論家の類いだ。皆さんも子どもの頃経験したかと思うが、ひまをもてあました幼年時代にはよく芝居ごっこをして時間をつぶしていた。小学校に通うようになってからは学芸会で役をふられて舞台に登場した。そういったことが高じたのかとは思うが、大学時代には演劇クラブに所属して芝居に熱中した。

これまで、歌や踊りとは何かを考えさせる二つのことを体験した。ひとつはその実演家として成功することは生易しいことではないということである。このことは画家や彫刻家などのいわゆる芸術を志す人々にとっても共通することではないかと思う。いい作品を創り出して有名になるということを誰しも夢見るのだが、それが出来るのはほんの一握りの人たちである。ところで歌や踊りの芸について、次のような二つの相反する諺がある。ひとつは「芸は身を助く」というもの。貧乏をしているとか、なにか生活が困難になった人が、たまたま芸事を身につけていたためにお金を稼ぐことが出来て、なんとか生き延びることが出来たといった場合のことである。この場合は芸事の有用性を説いているのである。もうひとつは「芸は身をほろぼす」といったもので、全く前者とは逆の評価のものである。芸事にうつつを抜かしていたために、まっとうな仕事にも就けずにメシの喰いあげとなったという人を指している。いわゆる芸事にあこがれる若者の多くは後者の諺が示しているような、そのような辛酸をなめる場合が多いのだと私は思っている。歌や踊りとは面白いものであり、多くの人々にとって魅力的なものではあるが、しかしそれを職業として演ずる実演家としてやっていけるまでには厳しい道のりが待っているのである。どちらかというと後者の諺のような困難がつきまとう、その方が多いのではないかと思っている。

　私はかつて、人間国宝などに選ばれたりする伝統芸能界の名人の芸談を読むことに執心したことがある。何か人を喰ったとでも言いたげな名人の話に触れて、それは一体どういうことだろうかと怪訝に思ったものである。歌や踊りには現代的なものばかりでなく、長い歴史を生き続けて来た伝統的なものも存在していて、それらの芸談はその実態を垣間見せてくれたように思った。伝統的なそれがこの現代に存続し難くなっているがゆえに、人間国宝（正式には重要無形文化財の各個認定の保持者）に認定するといった、それらの保存伝承をはかる政府の行政施策が、第二次大戦後、一九五〇年代から推進されて来ているのである。そういった背景があって、それら伝統的な歌や踊りに〝いぶし銀のような芸〟などという褒め言葉を提することが一般的であった。名人たちの芸談には、そういった称賛は、彼らの側からすればくすぐったいというか、否定的な受け止められ方で語られていた。文楽の浄瑠璃太夫の名人とうたわれた山城少掾の話に次のようなのがあった。稀代の文学者三島由紀夫の対談集の相手役の一人として登場した彼は、対談終了後に対談相手の三島に軽い脳貧血を起こさせたと述懐させている。例えば三島が当人に、これまで語って来られた浄瑠璃語りの思い出話をしてくださいと質問した時に当人は、「浄瑠璃もねえ私が好きなのか、好きでないのか解らんくらいですよ。出て面白くなってやる日と、出てから早くやめないかと思うときが」と答えている。つまりいわゆる浄瑠璃語りの名人ならば答えてくれるであろうと第三者が期待するようなことを何も語っていないのだ。まるで名人でないみたいな応答ぶりなのである。これは山城が実感していることを正直に吐露したのだと思う。納得がいかない日もあるというその言い方が、まるで我々の日常生活のこととなんら変わらないことのように聞こえてしまうのだ。また能シテ方名人と一世を風靡した一四世喜多六平太の芸談集に次のような話が載っている。「皆様からは何の張合いももたれないようなところに、一生懸命力瘤を入れる。

そこに能の生命と申しますか、真骨頂があるわけですね」と語っていたのである。これは具体的にどういうことを指しているかというと、能の演技は演者が舞台にジッとしていることが多いが、そのことについての話である。そのような能の特徴は、江戸の川柳が、「ワキの僧は煙草盆でも欲しく見え」と一句をひねっていたが、舞台一隅に座したままのワキ方の演技に象徴されている。シテ方のそのような演技として居グセという次第があり、それについて六平太は言及していたのである。居グセが終わってやおら立ち上がろうとした時に何の苦もなくスッと立ちあがらなければならないのだが、それができるのかどうか、一見単純に見えるそのことに工夫がなされているのだ。そこのところを現代の観客はつまらないことだと見過ごしてしまうが、そこにこそ自分たちは力瘤をいれている。実はそこに能の真骨頂があるのだと指摘していたのである。この点については後に詳しく言及するが、身体表現の厳格なところであり、微妙なあわいのところに言及している。名人芸を云々する今日の一般人はそういった箇所をいかにもたわいもないことのように見做すが、そんなことはないんだと六平太は指摘していたのだ。

二　身体芸の面白さ

大道芸で人の肩に乗ったり、サーカスの綱渡りでわざと足を踏み外してみせる場面があるが、そのように危なっかしいことをして観客をハッとさせるとか、芸人は見る者をたえず自分にくぎづけにしようとする。こういった散楽芸とか、曲芸、雑技の手法は洋の東西を問わず存在し、あっという間に世界各地に伝播普及してしまう。例えば中国の高蹺《ガアチャオ》という竹馬に似た、一、二メートルもある棒杭の上に乗っかって歩いて見せる曲伎があるが、これはアフリカ人も演じていた。一人相撲という、一人が人形を使ってあたかも二人が相撲を取っているかのように見せる芸を中国で見たが、ウズベキスタンの劇場でも同様のことが演じられていた。歌舞伎や京劇のケレンわざのトンボ宙返りなどもそのひとつで、探せば色々と同様の各地の共通例に気付くのである。

いかにも歌や踊りらしい点の二つ目というと笑いで頤を解くやり方であろう。テレビでお笑い番組が盛んであり、落語、漫才の寄席芸が賑わっている。また笑う門には福来るというように、祝儀物芸にはこれが必須の要素である。世阿弥は『風姿花伝』で、次のように舞いや音曲が人の齢いを延べてくれる有難いものだと記していた。

諸人の心を和げて、上下の感をなさむ事、寿福増長、〔遐齢〕延年の法なるべし。(1)

ところで、観客を笑わせたり、ハッと思わせるような曲芸的な表現がいかにもこの種技芸の特徴だと右に述べたが、実はそれが歌や踊りの面白さの全てではないのはもちろんである。味わい深い面白さということもある。その辺のところをとことん追求したのが能の芸道論である。それを花の概念で説明したのが例の世阿弥であった。現代の能シテ方の名人と言われた故観世寿夫が、『心より心に伝ふる花』(2)で解釈してくれたその考え方を以下に見てみよう。今日まで六五〇年近くも持続されて来た古典芸能「能」にふさわしく、なかなか含蓄ある内容を含んでいる。まず世阿弥が述べていた花ということであるが、もちろんこれは珍しいことをやって見せるというような単純なことではない。

自然の中で咲く花も、やがて咲き、やがて散りまた来年になれば咲く。舞台の芸も一回ずつ消える。いかに魅力ある舞台もその夜のうちに消え去ってしまう。咲く側と、見る側とが、計算を立てて対面するのではなく「フト」出会ったとき、その「花」はどれほど美しいだろうか。(3)

観世寿夫がこのように記していたように、歌や踊りの花も、あくまでも演者と観客との間の自然な出会いに求められるものと考えられるのである。そしてこの花は珍しいが故に花とされている。そのことについては、世阿弥の言う「めづらし」とは、あくまでもさまざまな稽古という積み重ねの上で成り立たせることが大事なのであると観世寿夫は説く。そしてこの稽古で得られるものとは、表面的な理屈ではなく、自らがいろいろ苦労してはじめて身体で捉えられるものとのこと。

能のことを研究者の横道萬里雄は「歩行舞踊」と評していたというが、確かに演者は舞台に立ってカマエをし、そしてハコビと称する歩行を繰り返すことが舞台上の主要行動である。この能の舞振りの具体的な身体表現の様相を観世寿夫は次のように説明していた。

舞台で、立っているということは、能の場合、前後左右から無限に引っ張られているその均衡の中に立つということなのだ。逆に言えば前後左右に無限に力を発して立つ。無限に空間を見、しかも掌握する。それがカマエである。

また能の動きには表意的な動作は少ない。抽象的、幾何学的動作が割に多い。横道萬里雄氏は能のことを「歩行舞踊」と言われたが、全く能において、歩くこと、は大変重要な意味がある。一足出る、二た足退る、あるいは黙って舞台を一巡する、それらの動作は一曲中の詞章やリズムと相俟《あいま》って非常に大きな表現を創る。また創らねばならぬ。そして演者はやはり歩くことにおいても、歩く、という行為を超越して歩きたい。それがハコビである。

具体的には、腰の蝶番《ちょうつがえ》のところに緊張を集め、一本の線のように抽象化された歩きかたをめざす。これがカマエとハコビである。(4)

確かに腰を落した、何か武張ったようなカマエは、舞台に根が生えたような演者の存在感を示し、上下動を一切することのないハコビ、すり足の進行は、歩行というよりか抽象的な直線行動というべきである。こういったかたちで進められるのが能の舞であり、ファンにとってはもっとも醍醐味を感じるところだろう。

いま述べた、身体の動きだけに集中している能楽師の執着振りは、そこが先に引用した喜多六平太の言い振り、「皆様からは何の張合いももたれないようなところに、一生懸命力瘤を入れる。そこに能の生命と申しますか、真骨頂があるわけですね」の意味していたところに相当する。応々にして我々現代人は網の目のように複雑な内容の精神世界のことにとらわれており、過去の時代のことをいかにもたわいもない単純なことのように考えがちであるが、世阿弥以来の伝統を持つ能の身体表現術は、時代精神や意味内容を超越して表現出来るものを確立している。観世寿夫はまた言う。

> 能は、表面に現われる意味内容や現実性で理解しようとされることを拒む。かといって、ただ形式や約束で捉えてもらうわけにもいかない。能の演技は、その立脚している中世思想の、その抽象性の美学を、からだで感じてしまわなければ出来ないのだと思う。(5)

能が六五〇年余後の今日も存続し続けているということは、このような中世的な論理が時代を突き抜けて通用しているということであろう。もっとも六平太が現代人には簡単に理解されるわけではないがと譲歩を付け加えていたように、それは身を小さくして呼息をしている現代ではあるが。古典芸能と呼ばれている世界の面白さ、花とはこのようにして表出されている。

三　なぜ人は歌い踊るのか
——西シベリアの熊祭りの場合

ところで、人が歌と踊りに執着するのは何故かという問いに対して、前二項で引用した世阿弥の『風姿花伝』が指摘していたような、身体芸の面白さが人々を幸せにし、長生きさせるからだろうという説明あたりが妥当なところかとは思う。

これは生きている者達にとっての理由であるが、一方、二〇一一年の東日本大震災の発生直後に、被災地の住民が雨後の竹の子の如くに獅子舞や虎舞、田植え踊りなどのむらの伝統的な歌や踊りを、溺死した集落の同僚のためにと陸続と上演したことは記憶に新しいところである。それは死者への鎮魂、慰霊のためであった。このことは『魏志倭人伝』において、人が死ぬと一〇日余りの間喪に服し、肉を喰わず、喪主は大声をあげて泣き、一方他の者が飲食歌舞したというように記載されていたことを思い出させる。実はこういった人間の死者供養として歌い踊ることとアナロジーなのではないかと思わせるような記述が、一九九八年に筆者が採訪調査した西シベリアのハンテ人の熊祭りの次第にあった。四夜にわたる九六番ほどの演目が終了した後に、「葬儀」、「埋葬」と表記された次第があった。この熊祭りは、アイヌの場合と類似したもので、熊を生理的に撲殺した後、その肉体を解体して毛皮付きの頭だけを祭壇に供えて、そこで歌や踊りの饗宴が行われる。そして全ての演目の終演後に、熊の霊の一つが天界の創世神のもとへ持って行かれ、また別の一つが熊を捕獲し熊祭りを主宰した猟師の家の守護霊となる（アイヌの場合には高い山や熊の本来の国へ送るなどと言っているのだが）。

熊祭りの場合には、人間の死者への葬儀のアナロジーとばかりは言えない歌や踊りの饗宴があるようだ。そのことを、右のハンテ人の熊祭り次第の詞章に則して見てみよう。ハンテ人のこの世とあの世を含めた宇宙観を示す曼陀羅図がチモフェイ・モルダノフによって作成されている。(6) こういう宇宙観の下で演じられた熊祭りの演目を、熊自身による「熊の歌」、それ以外の「神霊の演目」や「精霊の演目」によるもの、あるいは人間界の芸人による「滑稽寸劇」と類別し、またそれぞれの演ぜられた演目数を付記した一覧の図（図1）をここに掲載する。この図に説明を加えておきたい。①〜⑦は、各層（弧）ごとの在住者を表しており、⑧〜⑪は、各在住者ごとの演目とその演じられた番数を表している。

今日の世界の歌や踊り上演の場（祭りの饗宴を含めて）では稀有なことが、熊祭りでは行われている。つまり、獣の熊が自らを演じていることである。しかもこの熊（祀られる対象）が祭りの主体なのである。世界各地の仮面舞踊（劇）の祭りにおいて神霊とか精霊とかが登場しパフォーマンスを演じるものが各地に存在する。身近なところでは、例えば日本の能舞台においても、脇能物に登場する神霊とか、合戦物の英雄や源氏物語のヒロインの亡霊をはじめとして、諸種の精霊達がこもごもに登場しドラマを演じてくれるが、獣（熊）の登場のようなことは皆無である。

熊祭りにおける演目の、各種別ごとの上演がなんのために演技されているのかについて、

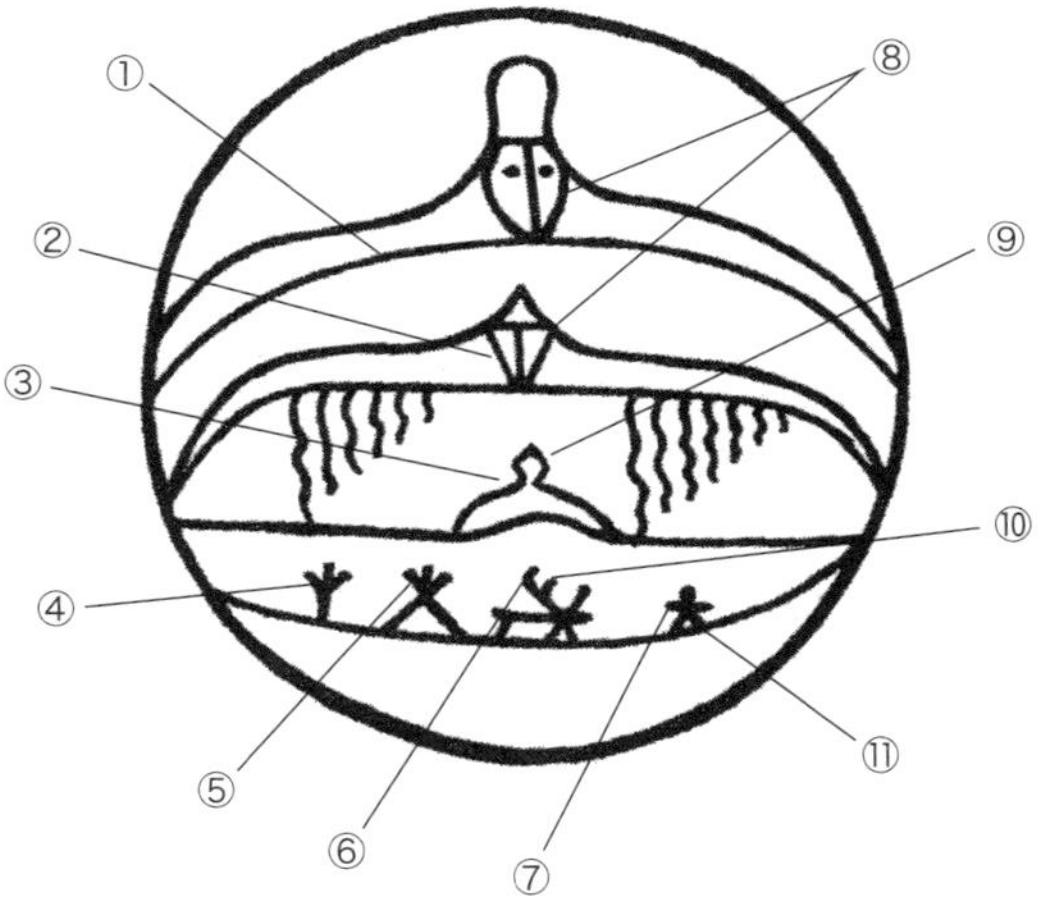

図１　ハンテ人の宇宙曼陀羅図と熊祭りの演目

(霊の世界)
①天界の創世神
　ヌミ・トルム
②他の神霊
③川、湖、森などの精霊

(地上世界)
④植物
⑤家
⑥動物
⑦人間

(霊の世界の演目)
⑧神霊の演目（7 種）
⑨精霊の演目（24 種）

(地上世界の演目)
⑩熊の歌（14 種）
⑪滑稽寸劇（44 種）

その他（6 種）
〔見物人の熊の踊り〕

図1を参照しながら説明してみよう。まず、熊の演目「熊の歌」の場合は、祭壇上の熊自体は既に生理的に死しており演ずることは出来ないから、人間が熊になり替わって執り行う。そのパフォーマンス内容は、熊の生涯譚と、今、自らが祭壇に安置されて祀られていることを自ら語りで描写する。その一端を例示する。(7)

スィフラング氏族の一番偉い男の神（ヴェルト）、その男が現れて、
しなやかな手つきで踊る、踊りの中に加わった。
神々を集める五日間の夜が
私達の前を今過ぎようとしていた。
精霊を呼び集める五日間の夜が
私達の前を今過ぎようとしていた。
大切に扱われた獣の魂の入れ物、
それが（優しくされて）溶けてしまった。
戯れの最後の夜を
私達は今終えようとしている。
私達は何百もの聖なる翼あるものに祈り、

私達は何百もの聖なる足あるものに祈った。

右の熊による語りは、今まさに熊祭りの最後の一夜となったことを描写しているくだりだが、馳せ参じて来た神々や精霊たちの踊りによって、自らが和められ、まさに自らの魂が慰め鎮められたと述べるとともに、自らは、森（タイガ）の中の鳥類や四つ足類のために祈ったとある。要するにこの歌は、少なくとも人間たちのために、その幸せのために歌われたものではない。

ところが、次に紹介するように、神霊や精霊達の演目は、この熊祭りの場に馳せ参じて来て、熊のためにではなくて、人間側の幸せのために歌い踊っている。例えば、神霊カルタシイ・アンキの歌では、(8)

光あふれる明るい家、
乳飲み子達よ、あなた達は残りなさい。
長生きな少女達の命の踊り、
長生きな少年達の寿命の踊り、
（その踊りと一緒に）また私は立ち上るのです。

と、子ども達、少女や少年達の寿命の長からんように踊りましょうと歌っている。

またソシヴァ川中流の精霊の歌では、(9)

私の水の魚をたっぷりと(もたらす)踊りを

起こっている戦いから守る踊りを

(私はあなたがたに)踊りましょう

と、居住民の豊漁と、戦争に巻き込まれないようにするための踊りを披露している。

右の二種の歌と踊りは、あくまでもこの世(此岸)の人間の安寧、幸せのために演じられている。ところが、前者は熊祭り以外では演ぜられることのない極めて特殊なものである。一般的に行われている、舞台上での動物に扮しての模倣演技などとは全く別物である。今まさに殺害されて、その魂が慰められようとしているそのモノ自体の演技なのだ。しかも、この場に馳せ参じてきた神霊だとか、精霊だとかから自らが和《なご》められているという、まさに歌や踊りを享受している例の存在のパフォーマンスということになる。

世界にはこのような稀有な歌や踊りの伝承もある。これが今日の歌や踊りの現状の姿と一体どのように関連しているものかについては今後の研究課題とせねばならない。

註

（1）『風姿花伝』『日本古典文学大系65』（岩波書店、一九六八）三七六頁
（2）『心より心に伝ふる花』（角川学芸出版、二〇〇八）
（3）註2と同著の一九頁
（4）註2と同著の六八頁
（5）註2と同著の七八頁
（6）*Тимофей Молданов* КАРТИНА МИРА В ПЕСНОПЕНИЯХ МЕДВЕЖЬИХ ИГРИЩ СЕВЕРНЫХ ХАНТОВ. Томск. 1999 六八頁
（7）星野紘、チモフェイ・モルダノフ共著『シベリア・ハンティ族の熊送りと芸能』（勉誠出版、二〇〇一）一四二―一四三頁
（8）註7に同著の一六六頁
（9）註7と同著の一五二頁

第二章　農耕地帯のむらの歌と踊り

一　日本のむらの歌と踊りの呼称の変遷

歌や踊りは一般的には一村落の事とは何の関わりもなく流行して行くものだ。モーツァルトやチャイコフスキー、ジャズやロック、ヒップホップなど次から次へと新しい音楽が、都会であろうが辺鄙な山間僻地であろうが、一瀉千里の勢いで各地に広がり、気がついてみると身の回りの音世界が色合いを変えてしまっている。そういった明治以降の日本の風景であった。それらはむら（集落）とか、人々の暮らしとか風土とか、地域地域の凸凹に一切関わりなく地球上を駆けめぐる。歌は世に連れ世は歌に連れと言い習わされているが、まるで歌の方が人々の生活振りを形作って来たような感さえする。刺激的な新しい流行的なものの価値とはまさにそこにあるのである。このように絶えず変わり行く流転してやまない流行の歌や踊りが存在する一方で、永々と同じことがくり返されてきたものも存在する。人はそれを古くさいとか、マイナーな例外的存在と見なしてきた。そのひとつがここで取り上げる神楽、盆踊りなどのむら社会の伝統的な歌と踊りである。それらは確かにドラスチックな新しさを持ち合わせてはいないけれども、人々に面白さを感じさせるという点においては、流行的なものとはまた違った持ち味を有してきたのである。それは彼の世阿弥が「風姿花伝」などにおいて言及した〝花〟に通ずるものがあるのだと筆者は思う。少なくとも限られた地域の人たちにとっては花だ。春という季はとりたてて耳目を驚かすような事柄ではないが、春が至り喜びを感じない人はまずいない。花の樹木が枯れずに生き続ける限り、時代を超えた面白さを発揮し得るということである。今、時勢に押されてかつかつの命脈を保っている伝承事例もあるのだが、だからといって神楽や盆踊りの類は、それぞれの地域にとっては〝時代遅れなり〟の一言で一蹴されてよいようなものではないのだ。

この種神楽、盆踊りなどに対しては、明治時代後期頃から調査研究の気運が高まり、大正末年に明治神宮外苑に日本青年館が竣工をみた折り、記念の催しとして「全国郷土舞踊と民謡の会」が開催されて、全国各地からその種の七団体が招聘されて上京し、それぞれの持ち味を披露して東京市民の評判を呼んだ（この催しは昭和一一年までほぼ年に一回実施された）。その後昭和三年からこの種の郷土の歌や踊りなどを〝民俗藝術〟の名称として捉え、月刊雑誌『民俗藝術』が発刊され昭和七年まで継続されたことは、学識経験者を初め一般の人びとにとって、全国各地のこの種の民俗芸術が大きな関心を呼んで迎え入れられたことをうかがわせる。また前記の日本青年館の催しは第二次大戦中は中断されたが、昭和二五年から文部省主催の芸術祭公演に位置づけられて再興され、今日なお持続している。これの戦後の復活第一回目が「全国郷土芸能大会」と呼ばれていたが、後に「全国民俗芸能大会」へと名称変更した。この頃に、神楽、盆踊りなどのむらの伝統的な歌と踊りは〝郷土芸能〟から〝民俗芸能〟へと読み替えられたのである。文化財保護法の昭和二九年の一部改正時に民俗資料の一事例として〝民俗芸能〟も明記された。さらに昭和五〇年の文化財保護法の一部改正において民俗文化財の規定が設けられ、その一つに〝民俗芸能〟も重要無形民俗文化財に指定されることとなった。一方、研究者サイドにおいても、昭和五九年に民俗芸能学会が設立されて今日に至っている。ところが平成四年、神楽、盆踊りなどのむらの伝統的な歌と踊りを観光資源などとして活用するための〝お祭り法案〟(地域伝統芸能を活用した行事の実施による観光及び特定地域商工業の振興に関する法律)が成立施行され、そこでは当該伝承のことを〝地域伝統芸能〟と呼称することとなった。各地方自治体の観光課や観光関連業界を中心にこの用語もかなり普及して来ている。つまり、以上のように神楽、盆踊りなどのむらの伝統的な歌と踊りに対して〝郷土芸能〟〝民俗芸能〟〝地域伝統芸能〟の三つの呼び方が併存しており、やや紛らわしい事態である。

この用語の不統一状況は次のことを物語っていよう。神楽、盆踊りなどは単に歌や踊りの娯楽としての意義を有しているだけではなく、地域社会の人々の生活の諸相に関わっている多面的価値を有している。〝郷土芸能〟の場合は、〽ウサギ追いし彼の山、の歌のごとく故郷を離れた人々の郷愁の対象としての出身地域の過去の生活全体を象徴している。また〝民俗芸能〟の場合は、その歴史性とか芸術性といった学術的価値に注目し、そのことと連携した無形文化財とか無形民俗文化財といった文化財としての価値評価基準として寄与している呼称である。さらに〝地域伝統芸能〟の場合は、観光や商工業の振興の対象（資源）としての呼称である。

したがって、明治後期以降今日に至るまでの時代の変遷状況が上記三種の呼称の出現に反映されているのだと思う。〝郷土芸能〟の場合は、西洋文明による近代都市化社会が主流となった明治以降において、都市部に移住して来た人々にとって、彼等の故郷の農山漁村は思い出深い憧憬の対象〝郷土〟と意識されるようになった。そこでの懐かしい歌と踊りという気持がこの概念には籠められているのではないかと思う。次の〝民俗芸能〟の場合は、第二次大戦後盛んとなった民俗学研究に呼応して採用されるようになったものだろう。例えば歌舞伎の歴史研究において郡司正勝あたりは、従来の名優や天才劇作家の出現、あるいは江戸幕府の権力者の政治経済施策や時代世相などが対象とされていた研究に対して、一般大衆（常民）の民俗伝承に依拠した解釈を重視していた。新潟県の綾子舞をはじめ全国各地の〝民俗芸能〟の伝承例を引き合いに出し、歌舞伎の来歴展開を民俗学的に説明していた(1)。こういった学術界の傾向の中で〝民俗芸能〟は脚光を浴びて盛んに用いられ出した。一方この時期は戦後の混乱期からの経済復興、発展途上国から先進国へと日本の産業経済が右肩上がりに坂を上り駆けていた時期であった。そして昭和三〇年代、四〇年代の高度経済成長期を経過した後、平成の時代に至って、前述の通り〝地域伝統芸能〟の概念が新たに採用されることとなったのである。この時代に入ると、観光化や地域おこしのための資源化という別の意味での神楽、盆踊りなどのむらの伝統的な歌と踊りへの対象化が始まった。〝民俗芸能〟の場合には学術研究とか文化財保護行政と提携した対象化だったのだが、こちらの方は経済的利益追求を目的としての対象化である。先述のように後者の概念の登場したのが高度経済成長期終了後の時代の転換期においてである。経済発展や物質的文明の繁栄を一途に追求してきた日本社会全体が、〝文化の時代〟〝地方の時代〟〝ふるさと創生運動〟などのキャッチフレーズのもとに、精神文化の尊重や、中央的、都会的なものから地方的なものを見直そうという方向に舵を切ってからである。つまり国全体が地域社会やむら社会の経済的振興を視野に入れなければならなくなった時代である。以上のように、〝郷土芸能〟〝民俗芸能〟〝地域伝統芸能〟の異なる三様の呼称誕生の背景には、明治維新後から第二次大戦終了時まで、そして第二次大戦後から高度経済成長期まで、さらに高度経済成長期以降と、おおまかな三期のそれぞれ異なる社会経済状況が存在していた。

ところで明治維新以降一五〇年ほど経過する今日であるが、この間、むら社会の民俗伝承は神楽、盆踊りなどを含めて衰退の一途を重ねて来ている。明治の文明開化によって日本人は下駄履き和服の生活から、下駄履きで背広姿の和洋折衷生活に移行したのであったが、第二次大戦後まではなんとか下駄履きの人も存在していたのだが、高度経済成長期後の今日では、まず下駄履きの人を捜し出すのは困難になってしまった。民俗伝承の全体が事ほど左様に変化を来してしまったわけで、明治維新による衝撃や第二次大戦時の戦禍による疲弊に数倍する勢いで、高度経済成長期には事態が激変したのだと識者たちは口を揃えて言う。ことに今日では高齢化、少子化による人口の過疎化現象が激しく覆いかぶさり、いわゆる限界集落が増加しており、総じて神楽、盆踊りなどのむら社会の伝承は一段と存続が難しくなっている。その意味でまた新たな行政的な対応施策が打ち出されて来ざるを得ないような胎動を感ずる。

二　日本のむら社会での歌と踊りの役割

この間、神楽、盆踊りなどに対する研究方法にも変化が現れて来た。特に〝地域伝統芸能〟の呼称が出現した頃からその兆候が強まって来たように思う。例えば民俗芸能学会研究者の間で、特に若い世代の研究者から旧世代の者の考え方への反論が目立ち始めた時期があったように思う。旧世代研究者においては芸態の研究や、文献史料などを博捜しての歴史的研究が一世を風靡していたのだが、〝地域伝統芸能〟の呼称誕生頃からは、神楽、盆踊りなどの村の伝統芸能を観光資源として活用を図ることを積極的に肯定するかの如き見解や、和太鼓やエイサーといった擬似創作芸能を称揚かのような現代から未来を見据えたような論文も若手研究者から現れ始めた。また従来の芸術学的、歴史学的、あるいは民俗学的研究手法に対して、文化人類学的、あるいは社会学的といった新たな専攻分野からの、あるいは広い視野からの考察を志す人も現れはじめた。

筆者は、以前から、芸態技法の分析的研究だとか芸術学的研究、あるいは歴史学的研究というような各専門分野に特化したものではない、総合的な、人間の学とでも称すべき捉え方をする研究の必要性を感じ、そのような視点からの論考が必要ではないかと考えていた。そんなわけで、研究方法が多様化せざるを得ない今日を迎えて、あらためてその感を強くするのである。ちなみに、守屋毅はかつて叢書『日本芸能史』の中で諸種の歌と踊りの性格を一図にして説明していたが(2)、あるいは彼も同じような思いを抱いていたのではなかったかと推察する。民俗芸能（神楽、盆踊りなど）は神事性・儀式性が濃いものであり、同時にまた寿祝性もあると規定していた。守屋はこの分類的説明図（図1）において、神事性・儀礼性とそれと対照的な位置にある観賞性・営利性とを両端に置いた縦軸線を引き、そしてそれと交差させた横軸の線の両端に寿祝性と娯楽性とを対置させていた。この交差する縦線、横線が仕切る四隅に図のように、民俗芸能、巷間芸能、室内芸能、舞台芸能の四種をそれぞれ配置していたのだ。この縦軸は言い換えれば、宗教（信仰）学的視点から経済学的視点に及ぶものであり、横軸は、心の持ち方が祝福的なものか娯楽的なものかという概念、いわば心理学的視点からの軸なのである。守屋がそのよう

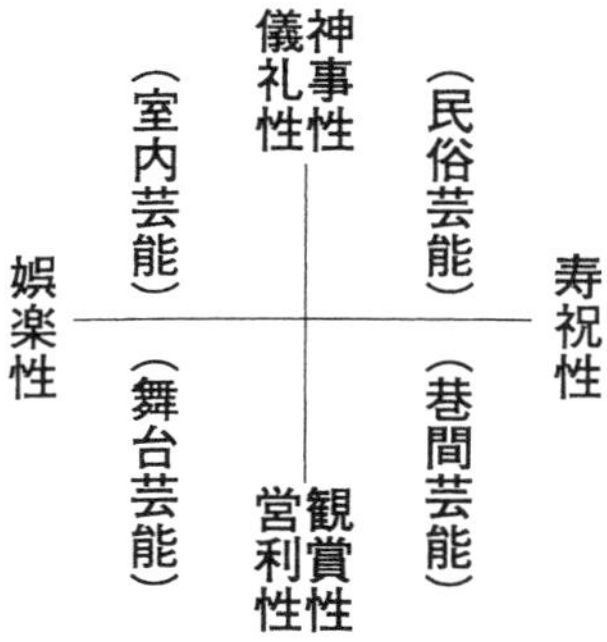

図１　『日本芸能史１』（法政大学出版局 1981 年）より　守屋毅作図

に意識的であったかどうかはともかく、歌と踊りの歴史的研究という専門的に特化された叢書の中の一部においてではあったが、宗教学、心理学、経済学といった広域にまたがる視野を歌と踊りの解釈に適用していたということである。近年学際的研究が称揚されているが、歌と踊りの研究においても、まさにそのような蛸壺式的研究を超える広域的な視点が求められているということだろう。話が変わるが、歌と踊りの研究に対して折口信夫は積極的に取り組んだのに対して、柳田國男はそうではなかったらしいと池田弥三郎がかつて記していたが、[3]それは違うのではないかと以前から筆者は考えてきた。確かに折口が言及した柳田は芸能史研究などというもの言いは一切していなかったものの、いわゆる神楽や盆踊りなどむら社会の歌と踊りに関する言及は、結構あちらこちらで展開していたと思う。例えば「民謡覚え書き」「口承文芸史考」「日本の祭」「女性と民間伝承」「民謡の今と昔」「涕泣史談」などの文章において、所謂芸能史などと名乗った題名のものではないけれども、歌や語り物、踊りや舞い、あるいは芝居のことといった所謂歌と踊りの各種について言及し、またそれらの歴史的変遷についても触れていたのである。今日の時代状況に照らして柳田の論考に注目しなければならないと思うのは、むらの伝統的な歌と踊りを人々の暮らし全体の中のひとこまとして捉え、その全体の中での位置や暮らしの各事項同士の関わり具合いをこまかに描き出してくれていた点にあるからだ。つまり、ややもすれば趣味娯楽の類などとひとくくりにされかねない歌と踊りのことを、まさに人々の暮らしの生き様の中で論じた点はもっと注目されてしかるべきだったと思う。折りしも今日は限界集落などとむら社会そのものの存続が問題になっているのだから、そこでの歌や踊りは、むらびとの暮らし全体のこととして対処法を考えなければならない時代に至っている。こういう時代であればこそ柳田の視点には学ぶことが多いと言わねばならないだろう。柳田のむら社会の暮らしの研究法を説いた『郷土生活の研究[4]』は、むら全体の中での歌と踊りの位置と全体の各事項との関わりを知る上で便利な著書である。これをもとに筆者が図示してみたのが図2である。これを簡単に説明すると、むらの神楽、盆踊りなどの伝統的な歌や踊り（A）は年中行事や祭り（B）の折りの執り行いであり、氏子組織や町内会などの社会組織等々（C）において人的調達、経費負担をしていればこそ、それは可能なものであり、歌や踊りのうまい下手だけでは存在していないことがよく解る。また思わしくないことを除去し、何らかの吉凶の判断を仰ぎ、安寧で幸せな日々を送ることを強く望むある種の神霊にすがる心意が、面白さを追求する歌や踊りの背後には潜んでもいる。柳田は目で見て確か

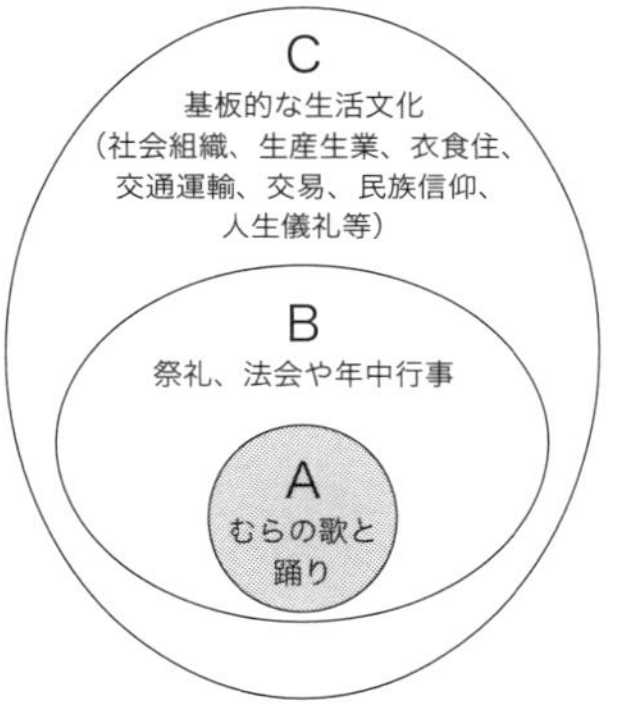

図２　むらの歌と踊りと位置付け

められることがら、耳で聞き分けられることがら、この両者のいずれでもないただ直感的に確かめるしかない心意現象の、三項目の抽出しの中にむら社会の全事項を数え立て分類して見せたのだが（民俗資料分類）、実際には全事項の各項目は、相互に不即不離に関連しあっている有機体で複雑な構造を成している。そのようなものとして、神楽、盆踊りなどのむらの伝統的な歌と踊りも存在していることを述べていたのである。

三　日本のむらの歌と踊りの魅力

〝芸能〟という言葉は後で知った。村社会に生い育った者として、歌とか踊りとか日常会話で使っている言葉はもちろんあったが、それはあまりにもあたりまえなものだった。つまり獅子舞とか盆踊りのことであり、とりたててどうこういうものではなかった。幼い頃隣り町の祖母の家に遊びに行った折り突然玄関に舞い込んで来てなにやらご祝儀をもらって帰って行ったのが獅子舞で、赤い頭と唐草模様の緑色の胴幕が記憶に残った。毎年暑熱の夜のしじまに夜遅くまでコトコトと太鼓の音が鳴り響いていたのが盆踊りだった。子供は夜中に出歩くものではないと親に言い含められていて、実際の踊り場に顔を出すようになったのは大きくなってからである。したがって幼い頃は、翌朝の朝食の席で昨夜踊り現場で喧嘩沙汰があったとか、どこそこの若い衆がどうしたとかが親の口元からボソボソと話され、そんなザワついた会話が盆踊りであった。むら社会はこんなふうに季節を送っていたのだ。かくのごときむら社会の一点景にすぎない事項を〝芸能〟という概念で浮かび上がらせて言及するようになったのは、今から五〇年ほど前の私であった。たまたま縁あってこれらを文化財（無形の文化財）として保護行政を展開している役所に職を得てから以降のことである。〝芸能〟という概念は芸能史研究ということを言い出した折口信夫あたりから多用されるようになったのである。むら社会のそれについては、前一で言及したように大正の末年から昭和の初めの頃から漸く調査研究が始まったという状況で、その全国的な分布状況の把握や分類、由来来歴の考察等々が当時の名だたる研究者たちによって着手された。それらの成果とタイアップして進められた第二次大戦後の文化財保護行政では、伝承の歴史の古さや芸術性の高さに視点を置いた価値づけ作業が行われていた（無形の文化財として指定し保存するために）。そういった観点からこのむらの歌と踊りに接する習性が自らにも身についていたのであった。

ところが、右の行政サポートから退職してからの話であるが、二〇一一年に周知のように、この種の歌と踊りへのそういった考え方を変えねばならないような事態が起こった。東日本大震災の発生後、津波の襲来で大惨事に見舞われた太平洋沿岸の被災各地から、各地の当該地域住民にしか知られることのなかったごく当たり前の歌と踊りが新聞紙面のトップを飾ったようにその存在価値を主張をし始めたのであった。虎舞いとか獅子舞、あるいは田植え踊りなど、太平洋沿岸添いのほとんど集落ごとに連続して存在している外部の者が知らなかった伝承である。わずかな地域的個性の違いしか見せない同類のものが、各々が当該地域において唯一無二の存在として使命を果たしていたのである。つまり集落ごとに多くの住民の被災溺死者があり、亡き人々への鎮魂慰霊と以後の集落の再建復興への勇気づけのために、このむらの歌と踊りが大きな役割りを果たしたのである。この歌と踊りが集落住民の結節点、心の支えとなったのだと各地において異口同音に唱え始めたのである。ここでは歌と踊りの特徴だとか由来来歴の古さだとかは問題ではなかった。あくまでも先祖以来の地域住民の生き甲斐の核であったことの確認が重要だったのである。ましてやそれが文化財であるかどうかなどは眼中にないことであった。外から見える自分たちの伝承の姿よりも、集落の存亡、住民の生活にとって持つ意味こそが重要だったのである。むらの歌と踊りとは、元来そのような存在だったということに思い至らせたのであった。(図3)

以下に、こういった村の歌と踊り伝承地への見学行の中で特に印象深かった三題に言及し、その特徴、魅力をより踏み込んで描出してみたい。

図３　東日本大震災被災地の仮設住宅での獅子舞（宮城県東松島市大曲）

むら社会のＴ（時）Ｐ（場所）Ｏ（機会）の中での執り行い

ところが、中にはそんじょそこらでは見かけない特異な伝承もあり、これらを見学しようと思ったら苦労を強いられる場合がある。大体が山間僻地の交通不便な所にこそ由緒の深いものが存在している。車社会と化した今日、バスなどの公共交通機関は日に数本しか走っていなく（それは通学の小・中学生をあてにした時刻表である）、近年祭日が土曜、日曜、祝日に変更されていて学校が休みだから運行がゼロとなる所もある。数年前にそんな地の高千穂の神楽を訪れてみた（宮崎県）。車の免許を持たぬ東京方面からの者たちに都合のいいのは、熊本空港で飛行機を降りて延岡行きの一日二本しかない長距離バスを使うのが最も便利である。一二月の某日の夜六時ごろ高千穂町のバス停に着いた。それからタクシーに乗って目指す集落の神楽祭場に向かった。そこは一般の農家だった。七時頃玄関を通って客間に至るとすでに神楽は始まっていた。神棚の辺りに榊の葉や白紙の御幣などで飾られた神勧請のしつらえ処があって、仮面類も並べてあり、天井には注連縄が張り巡らされて五色の紙飾りが下げてあった。神楽はすでに始まっており、その下でなにやら白衣に劔や弊やらを手にした舞い手がせっせと動めいていた。この舞う場所の四囲には見物客が座しており、畳敷きの間の先の台所の板の間まで客で埋まっていて、遅く来た小生は先客の背後に腰を下したが、そこは祭りの係の者が頻りに往来し、電気炊飯器のコードが座布団の下を這い回っていた。現今は公民館とかの公共施設が夜神楽の場に当てられているが、ここは昔風を留めた民家祭場だ。この家の人に挨拶をするでもなく飛び込んだのだったが、夜食が一二時過ぎに出て、見ず知らずの小生まで一汁一飯の祭りの馳走にあづかったものだから、慌てて祝儀袋を係の人に手渡したのだった。小生と同じような集落外の遠方からの見物人もいたとのことであった。インターネット情報などを頼りに参集した第三者外来者が混在して神楽見物している今日である。聞けば毎年この時期に大阪や横浜あたりのファンが高千穂神楽に魅せられ足を運んでいるとの話であった。こんな風にして三〇番ほどの演目次第が徹夜で延々と続き、当家の外庭が朝陽に白みかけた。一つ姿勢で舞処《まいと》を凝視していた我が足腰を伸ばすべく、冷え込んだ朝焼けの前庭に出てみた。目の前には当家の納屋や便所があり、向かいの山の端は秋枯れていて、田圃は切り株ばかりの景。道の路肩の辺には墓石が立ち並んでいる。今しも見慣れた農村風景に引き戻されてしまった。こういった村人の居住空間に直結した場こそが饗宴の場所だった。一年一度の冬至の頃のこの季節の人々の集いであり、こもごもの願いや思い、あるいは信仰心といったものが込められた執り行いであった。

世代を超えて埋め込まれて来た伝承システム

これら地域の伝承がまさに居住民のものなりと痛感したのは、それらの某伝承が、際立った特徴を有していると評価されて行政サイドから文化財（無形の）に指定された時の彼らの対応ぶりであった。役所サイドは、先述のような優品主義の文化財観が先行し、対象を見栄えのする技芸伝承と見做し、技芸に熟練し、精通している特定の者たちのグループを捉え、彼らを構成員とした〇〇保存会の結成を当該地域の人々に促したのであるが、実際は居住民全体の保存会組織となっているケースを多く耳にする。一定地域居住民のすべてが保存会員であり、行政区の区長氏が保存会長となっているのだ。もっとも一部には、万歳師集団等々の門付け芸、人形芝居（浄瑠璃）などのような専門職能集団の場合もあるが、そちらは時代の変遷の中で極度に衰退して減少している。技芸伝承のための保存会組織とは称しているが、それには技芸者だけが含まれているのではなくて、会の運営を支える会費納入者の住民全体が包含されているのである。確かに彼らも技芸存続のためには欠かせない存在だ（いわば後援会組織ともなっているわけである）。保存会がこのような実態となっているのは、むらの歌と踊りは常に世代交代が繰り返されているからであるし、また技芸といっても誰もが継承しうる性格のものからかもしれない。

しかしながら一見このように不特定多数の伝承と見えるものの、特殊な伝統（技芸）を先祖から次世代へと受け継いで行く強固なシステムが存在して来た事例もある。その一つが年齢階梯制の中の若者組である。その若者宿の記憶を今なお鮮明に持ち伝えている地域もまだある。近年までむら社会の共同生活において、諸般の力仕事は若者の手にゆだねられて来た。その一つが祭りの神輿を担いだり、神社に幟を立てたり、歌や踊りを率先して担当して来たのが若者青年であった。先年伊豆半島の沿岸の集落各地の鹿島踊りを採訪調査した時も、踊りの輪に加わっていた六〇代、七〇代の年配者たちが、若者宿での先輩方からの踊り継承教育の厳しかったことを口にしていた。また、諸役を地域内の数集落が毎年順送りに交替して執行するという形態もまた一般的に行われている。これなどもむら内の伝統の継承スタイルの一つである（もっとも町場の豪華な祭礼などもこのかたちが継続している）。二〇一六年度に調査した四国の「花取り踊り」においてもその具体例に接した。愛媛県の愛南町の正木のそれでは、裏方（世話役）の今年当番の当人役は、集落全体の一〇〇戸ばかりが全体を八組に分けて毎年担当組が交代し、家並順に一五人ずつの担当人を出して執行していた。

このようなむらの歴史ある歌や踊りの継承システムを驚くべき堅固なかたちで今日に伝えているのが、兵庫県の「上鴨川住吉神社の神事舞」の宮座の制度である。この見学行においても、車の免許を持っていないことの悲哀を味わった。ＪＲの最寄り駅からのバスの運行は当日が休日だったので、タクシーを使わねば祭場までたどれなかった（片道四、五千円の距離）。調査報告書によると、ここの宮座は近世まで二四株に限定されていた（後にそれ以外の家にも解放された）。それらの家の者が年齢階梯的に毎年逐次担当の役割りを変えつつ、成人して行き、終生にわたってこの祭事の任務をこなして行くシステムが綿密に作りあげられている。まず七、八歳になると若衆役に付き、その後八、九年間ほどの間、役の階段を毎年順次上に進み、その後、清《きよ》座役となり、ここでも八、九年間ほどその役を勤め、それから大人役へと移る。その後も生涯この祭事に関わるという。限られた家の者達ではあるが、むらら社会で世代から世代を超えて古風な歌や踊りをバトンタッチして行く綿密な仕組みだ。能や文楽などの人間国宝の人たちが芸談語りの中で、「死んでからも芸」という言い方をよくしていたのを思い出すが、伝統の芸の持続とは、個々人の生命を超えることを意識したものとなっているように思う。上記神事舞の宮座の制度もまた意識の仕方としては、古典芸能の世界に通ずるものがあるのだと思う。双方ともに伝統的な歌と踊り伝承の持続への心配りの細心さは目を見張らせる。神事舞の若い衆役の者は、田楽躍り、獅子舞、王の舞、そして翁舞類の各役へと毎年順次むずかしいものの担当へと進み、清座役の者は芸能上演の先輩経験者なので、若い衆役への指導助言を行う。なおここでの翁の舞の類には、今日の能楽の「翁」にはなくなっている、冠者とか父の尉といった、文献資料に記載されている「翁猿楽」に登場していたという古い姿の役も演ぜられている。また上記の配慮の慎重さは次のことにも表れている。若い衆、清座の役のトップリーダーをそれぞれ「横座」と称していて、清座のそれはその年の祭りの神主役を、また若い衆のそれは禰宜役を担当する。そしてそれぞれに「副横座」という役が設けられていて、彼らは、一年後の「横座」をめざして、当該年度はそれぞれ神主役、禰宜役の「横座」の所為をまのあたりに見て勉強するのである。そういう経験を積んだ上で、翌年本役を勤めるのである。石橋を渡るようなこのような配慮は、あるいは神事《ごと》への厳粛な思い入れの深さの表れなのかも知れない。

普遍的な歌と踊りの面白さに通ずる表現

歌と踊りの演者は、それを見物する者とは別世界の存在と思われがちである。かつての著名な歌舞伎役者六代目菊五郎の芸談集に、確か第二次大戦終戦直後の混乱期に、彼が舞台で演技をしている時に側の通路を通り抜けた一老婆が声を掛けたので、大変びっくりしたと述べていた。小生のむら社会の歌と踊りの見学行において、実はこれとは全く逆のケースというか、つまり菊五郎の場合のような、歌と踊りの世界への現実世界の闖入ではなくて、現実世界と思っていたところに、突然表現の世界が組み込まれていたというような、驚くような歌と踊りの場面に相遇したことがいくつかある。

「田遊び」とか「お田植え」といった稲作の模擬的所為（表現）の見学行の際に出喰わした事例である。むら社会の歌と踊りは前述のように若い衆の手になっていた場合が多く、概してダイナミックな所作のものが多い。東北の「鹿踊り」は、白紙を貼った長い竿状の二本のヤナギを背負って踊り、愛知県の「ほうか」は巨大な団扇状のものを背負い踊り、九州の「楽」や「臼太鼓」などは力持ちでなければ抱えきれないほどの大きな太鼓を胸にだいてたたき、豪華な飾り物を付けて踊っている。いかにも力動感溢れる踊りだ。このようなものとは対照的な、外見は稚戯にも似たささいな所作を見せるのが田遊びなどの模擬的所作の伝承である。こちらは山椒は小粒でもピリリと辛らいの部類で、深い笑いをえぐって見せるような特徴をもっている。あるいは、わずかな象徴的な所作で深い感情の機微を表現する点において能にも似ている。あるいはそれと同類の中世的性格のパフォーマンスなのかもしれないと思う。

おどろいた体験の一つは、福島市松川町の「金沢の羽山ごもり」という、毎年暮れに集落の麓の羽山で行われるお籠もり行事の中でのヨイサアの儀においてであった。集落の人たちが裸になって押し合いをするのだが、突如、皆で一人の若者の腰を抱え上げてから、前方へ放り投げたのである。抱え上げられた若者はそれにあらがい足をばたつかせたのだが無駄であった。実はこれは単なるいたずらや競技ではなかった。後で解ったのだが、これは織り込み済みの次第であって、本田で田植えをしている早乙女たちに苗を配っている様を模倣しているのであった。単なる遊びとばかり思っていた動作の中に演技が紛れ込んでいたというわけである。これと同様の、ある種のタイムラグに似たものを覚えたことがこの種田遊び系統の所為にはいくつかあった。愛知県の「黒澤の田楽」の中の一連の田遊びの次第の最後において、錨打ち太鼓の皮面上に一人が登り、精一杯に背伸びして、両手の山盛りの飯椀を天上板に届かんばかりに突き上げて見せた（図4）。また東京板橋の「北野徳丸神社の田遊び」では、錨打ち太鼓の表面を田圃にみたて、その上方で大人たち一同が可愛らしい稚児を上空へ胴上げする。これは田植えの次第だというのである。子供は早苗に見立てられているのだ。早苗が大きく成長して行くようにとの願いがこめられた所為だったのだ。まさか人間が早苗に見立てられているとは？　と驚くような奇抜なアイデアである。さらに、先述の「金沢の羽山ごもり」の近郷の二本松市の「広瀬熊野神社の御田植え」では、拝殿が田圃に見立てられ、〝寄せ刈り〟の次第では、拝殿の建物をユッサユッサと揺すったのである。農作業の力仕事が拝殿を振動させたというのである。また〝はねくわ〟という田の高低をならす作業の次第では、一同拝殿の灯籠めがけて雪礫を投げつけた。これは鍬打ち動作が激しく、土塊が灯籠にまで跳ね飛んだというわけである。大げさ過ぎる誇張表現なのだが、農民の根太い笑いの精神が働いているようにも見えた。ともあれ手元にある全ての物が喩えごとになりうるのだ。田圃の田面に見立てていた太鼓が、途中で農作業の牛に見立て替えられるという事例もある。福井市の「国山の神事」では、太鼓を代掻き用の牛に見立て、作業次第が終わると、太鼓を舞台上にごろんところがして牛を田圃から外へ追い出すくだりを見せる。農作業が済むと泥まみれになった牛を洗ってきれいにし、牛を解放する場面なのだという。以上の事例は共通して無邪気さがあり、ついひとびとの

図４　稲作豊穣の予祝の演技（愛知県新城市の黒澤の田楽）

微笑を誘ってしまう。

田遊び、御田植えなどにある、観る者の顎を解くこういった表現は、いわゆる歌と踊りの持つ面白さの普遍的要素に通ずるものではなかろうかと思う。それを口で説明せよと言われると口ごもらざるを得ないのだが、ある種の偶然というか、表現する者の意図すら裏切って展開して行くものがある。ある種の勢いとでもいうものがここには感じられる。ところで、農民たちのこういった模擬的所為とはうって変わった古典芸能の世界の話である。劇作の名人近松門左衛門の作品にも同じ様な要素を見出せるように思う。近松は周知のように、「曽根崎心中」「天の網島」などの心中物で評判を取った劇作家だが、いずれも彼の筆の運びが観客を魅了しているのだと思う。一例として「冥土の飛脚」の封印切りの場面では、飛脚問屋の養子の忠兵衛は遊女の梅川に入れあげているのだが、恋敵に梅川を横取りされようとしたその寸前、咄嗟に業務用の御用金の封を切ってその金で彼女を身請けしてしまう。その時の主人公の感情が本人の意志を超えてほとばしって行く様子が、作者の意図すらも裏切って筆が運ばれているのを感ずる。そう見えてしまうぐらいに場面は急展開している。姦通物の「堀川波の鼓」の場合も同様だ。主人公の鼓師が、江戸勤番で不在中の鳥取藩士の妻と不義密通に至るプロセスが、偶然が偶然を呼んでそのような結末に至る。その筆の運びには一種の神気が作用していたのではないかとさえ思われる。近松の場合は劇作展開の話であり、他方田遊びの場合は模擬的な所為である。必ずしも両者は同じレベルの歌や踊りではない。前者は都会で洗練をみたものであって、後者はむら社会のものである。しかし近松門左衛門の考えを伝えているとされる「虚実皮膜の論」によれば、この双方は共通項を有していないわけでもないように思わせる。近松のその論とは、〝実は実にしてあらず、虚は虚にしてあらずという〟、パフォーマンスの面白さとは虚実の微妙なあわいの中にあるという話である。一方は劇場の舞台上での演劇であり、他方は祭りの場の民俗的模擬演技であると、二つの異る表現として区分されているのであるが、虚と実のあわいにおける面白さという質的な点に関してはどうだろう、差はたてられないのではなかろうか？　ことにまた、田遊びの模擬的所為は、一見稚戯にもひとしい幼子の所為とは見えるものの、田遊びその傑作とも思える上記のような表現事例は、近松の傑作の創作時の筆の運びが作者自らをも裏切って進んで行ったと同じような、そんな勢いを体しているように思われるがいかがなものであろうか。

四　中国のむらで出会った歌と踊りの傑作

一九八〇年代、今から四〇年ほど前から中国の西南域の少数民族のむらの歌と踊りを現地採訪してきた。日本列島の西隣りの中国大陸の伝承である。時には日本列島の伝承に親近感を覚えるものにぶち当り、時には異質だけれども、何やら歌と踊りの古風な姿を遺していると思われるものにも接することが出来た。さらには遠いアジア以西のヨーロッパ方面にもつながっていると思えるものもあった。それらについて印象深かった三点について述べてみたい。

掛け合い歌の古態

一九八〇年代、日中の国交が回復されて以降彼の地への日本人の往来が自由に出来るようになり、敦煌などのシルクロードの故地を旅する番組とか、あるいは当時照葉樹林文化論が一世を風靡していて、日本文化の源流を中国西南域方面に探るなどといったシンポジュウム番組などが話題を呼んでいた。そんな時代の風潮に誘われて筆者も西南域のミャオ族だとかヤオ族、あるいはイ族、トン族、チワン族、タイ族、ナシ族、チベット族などといった少数民族の祭りにおける歌や踊りの現地採訪を多く繰り返して来た。

最初に驚いたのは、人々の生活の中で歌を歌う習俗が深く根づいており、今なおそれが当たり前のように行われていることであった。こういった習俗を中国では〝対歌〟、つまり掛け合い歌と称しているのであるが、もともとこの語の通用範囲は広い。ところが日本では今日この種の掛け合い歌の習俗はほとんど見られなくなり、識者たちは文献上の知識から古く筑波山頂で繰り広げられたという風土記や万葉集に記載されている〝歌垣〟に思い至り、この中国の〝対歌〟を〝歌垣〟と読みかえて使っている。ことに筑波山頂でのこの行事では妻子有る男とて自由に他の女性と性の交渉ができるかのように記してあり、興味をそそるものであるからそれが一般化しているのだと思う。ところが〝対歌〟は労働作業や儀礼交際場面その他を含み、様々な場合に行われている。ところがかつて次のような一文を読んで考えさせられたことがあった。某研究者が、広西壮族自治区の壮族の歌垣風の男女の恋心を披露しあう行事についての現地採訪録の中で、若者たちは一晩中歌を掛け合っていたが、それはただ単調な旋律の繰り返しのメロディーで、それほど気をそそるようなものではなかったとの感想文である。実はこの話には、次ぎに述べるような留意すべき大事なことが隠されていたのではないかと推察している。中国の西南域の多くの少数民族には神話史詩と称される、それぞれの自民族の始源神話語り（歌）を有しており、それが各民族の歌の世界の根幹となっているのであった（図5・6）。一例をあげると、雲南省にはいくつかの系統のイ族が居住していて、各々その種の歌のコスモスを有しているが、大姚県や姚安県、永仁県方面では「梅葛」と称される神話史詩が伝えられていて、ある年に姚安県の馬遊山を採訪したおり次のようなことを聞いた。「梅葛」には老人梅葛、青年梅葛、幼年梅葛と各世代ごとの異なる歌い方があり、老人梅葛が当地域イ族の歌の宇宙の基調をなしている。老人梅葛は歌い方の旋律の振幅は狭く同一旋律を繰り返す単調なもので、年配者が祝い事や葬儀の折りなどに歌うものであり、神話的な内容のものとなっている。それに対して青年梅葛は若者男女の恋の掛け合い歌などの折りに歌われるもので、旋律の振幅はやや変化に富んだものとなっている。もっとも梅葛全体は老人梅葛を基調とした伝統的な枠組みの中にあるので、青年梅葛が、いくら面白く歌おうとしても今日の流行歌のような現代的なものは望めないわけである。先に記した壮族の恋の掛け合い歌の行事について、実際の事は知らない筆者であるが、おそらくイ族の梅葛に似たような状況があったのではなかろうかと推測している。であればこそそれほど現代人の気を惹くようなメロディーではなかったとの感想が記されたのではないか。

それはともかく、神話史詩の歌い方が同一旋律の反復形式となっているのはなぜかと言う

図５　イ族の「神話史詩」（山歌）─男性側（雲南省大理白族自治州巍山イ族自治県）

図６　イ族の「神話史詩」（山歌）─女性側（同上）

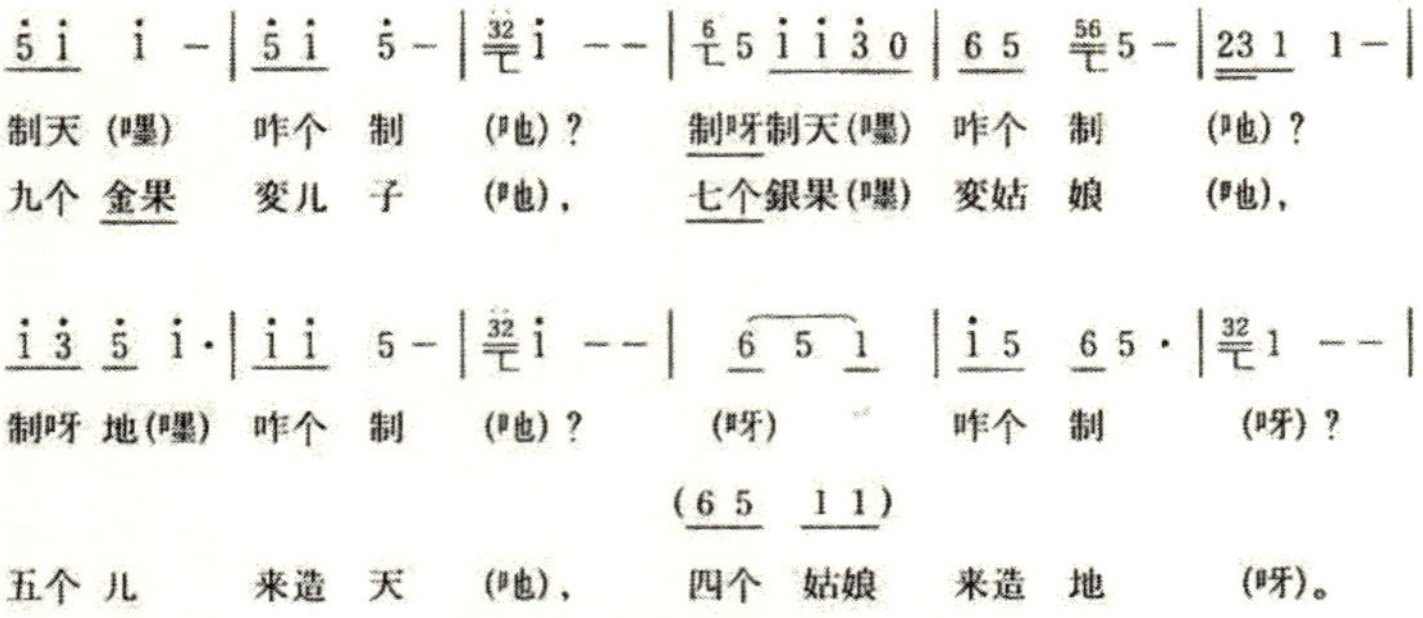
制天（嘿） 咋个 制 （吔）？ 制呀制天（嘿） 咋个 制 （吔）？
九个 金果 变儿 子 （吔）， 七个銀果（嘿） 変姑 娘 （吔），
制呀 地（嘿） 咋个 制 （吔）？ （呀） 咋个 制 （呀）？
五个 儿 来造 天 （吔）， 四个 姑娘 来造 地 （呀）。

図7　梅葛の数字譜（音楽譜）

と、それは問いと答えを繰り返して語り歌う古来の形式に依っているからである。梅葛についての数字譜資料が今手元にあるのでそれを引用して説明してみよう（図7）。図には、旋律のメロディー（数字譜）が二行あって、それぞれの行の下段に歌詞の二くだりずつが付いている。その歌詞の前段の最後尾には〝?〟マークが付いているので問答体の問いの部分と解る。下段の二行目の歌詞がそれへの答えの部分となっている。しかしながら問いと答えの両歌詞が同一旋律のもとで繰り返されているのだ。このことは二段の数字譜とも同じように繰り返されているのである。なおここでの問いと答えの歌詞の意味を要約すると、〝天と地がそれぞれ造られているが、天の方は金果から変じた五人の男の子により造られ、地の方は銀果から変じた四人の娘によって造られた〟というもので、宇宙誕生の混沌時の神話における開頭の一節である。

いずれにしても、若者による情歌のやりとり（歌垣）

とても、このような先祖以来の同一旋律の反復という神話伝象の枠の中で展開されているものである。現今の日本では考えられないような古い姿が遺存している。ところが、かつて折口信夫が古代の歌謡における〝片哥〟と〝旋頭歌〟について説明していたことは（『折口信夫全集（第一巻）』所載「国文学の発生」（中央公論社、一九六五））、中国のこの神話史詩の歌い方を考える上で大いに参考となるものだと思う。

旋頭歌の不具なる物故と思われて居る名の片哥は、古くは必、問答態を採る。…（中略）…片哥で問ひ、片哥で答へる神事の言語が、一対で完成するものとの意識を深めて、一つの様式となったのである。

つまり、〝片哥〟は五七七の詞型の歌であり、その五七七、五七七、五七七……と繰り返して行く形式の歌が〝旋頭歌〟であったものと解し、その詞型の繰り返しの反復が問答態を示しているという解釈である。日本の古代の歌謡伝承を彷彿とさせかねないようなこのような古態伝承が、中国大陸には今なお存在しているということである。

力動感あふれる輪踊り

二〇〇二年二月中国雲南省の蔵《チベット》族の地（迪慶蔵族自治州徳欽県奔子欄郷）のチベット暦の正月のグオッジョ（輪踊り）を採訪した。このグオッジョは一九九九年に中国舞踏家協会雲南分会副主席の劉金吾女史のご案内により見たものだが、その圧倒的な踊り振り、神々しさには心をうたれた。この時は臨時に演じていただいたものなので、自然な形で、年中行事の折りに行われる現場に遭遇したいものだとかねてより念じていた。それが実現したのである。

前回はバスケットボール場で演じていただいたのだが、今回はシッコーンと称される（あるいはツッコーンとも）むら共有の公堂での行事に接することが出来た。これはどのむらにも一、二ヶ所はある施設だそうで、木造土壁の建物で、結婚式の披露宴を行ったり、お経を誦んだり、何か祝い事その他公的行事をやる場所だ。

二月一五日徳欽県奔子欄郷に入り、午後、そこから四〇キロメートルほど北の白茫雪山（海抜五二〇〇メートル）を目前に見ることの出来る海抜四二〇〇メートルの地点まで車で登った。富士山より高い所であり風が強く冷たかった。翌日一六日そこへ行く途中の集落書松酸水村で活佛（生き仏）の某氏から聞いたのだが、白茫雪山というのはチベット語の音を漢語表記したもので、その意味は薬草が豊富な三峰状の山ということである。この一帯に多い池水も薬効が大きいとのことで、総じて当地の地形、地名、伝説などのいずれもがそのようなラマ教的（というか民俗信仰的）謂れに裏打されていることを知る。このむらのグオッジョをこの日は拝見したが、シッコーンという公堂でこれが踊られることを初めて知った。その、屋内、コンクリートの地面を力一杯に踊り手が皮靴で蹴って踊る音に圧倒されるとともに、日本でずうっと探索の旅を続けて来た屋内床板上での踊りとそっくりのものがここにもあるのではという期待が高まった。

翌一七日奔子欄郷ノンレィノンむらのチベット暦正月行事のグオッジョに立ち合った。むら人（男だけ）は小高い山に登った。この時のむら人がたどった小道が茶馬古道だ（昔、雲南省の茶をチベットまで馬で運んだ古道）。そこから神の山（英雄金剛山）を遥拝し、神像絵図が納めてあるという石造りの経堂に樹木の葉を供物とともに燻して礼拝した。一同〝アッウー〟と神の山に向って呼び掛け、やおら座して経を念じた。朝の陽光に輝く神の山、周囲の自然のすがすがしさ、むら人の敬虔さにうたれた。しばらくして後一同下山し、集落を貫流する川のほとりの寺院（ラマ教）に立ち寄って仏様を拝し、その後院庭で直会をした。

正午頃男達は列をなしてむらへもどり、着飾った御婦人、娘達が酒盃で出迎えた。この間の双方のやりとりは我が国の追分調の、和讃のような歌を朗々と吟じてなされたが、この日の祝いに恭順なむら人の姿を見た思いであった。それが済むとシッコーンの前庭でグオッジョの踊りが始まった。昼食休憩の後また踊りが再開され、翌朝まで徹夜で踊りあかされた（図8・9）。シッコーンの建物の方からは時々太鼓やシンバルのドンチャン、ドンチャンの音が聞え、何やら読経しているらしい様子が伝わって来た。後で気づいたのだが、シッコーンの二階は仏間形式となっていて、この日早朝より読経のお勤めがずうっと続けられていたのだ。やがてグオッジョはシッコーン堂内、床板上での踊りへと移動した。まさに探し求めていた踊り形式に遭遇し興奮した。輪踊りの中に観客はたむろして飲み喰いしていた。

夕食後再度シッコーンを訪れてみると、むら人一同（男女とも）が所狭しと横列状態になって整然と座していた。何やら厳粛な感じがした。一同座してただ飲み喰い歓談しているだけである。そういう時間を過ごしていたのだが、この日を皆で祝っていたのである。むら人一同こぞって一つ時間を共有しているこの姿は、かつて柳田國男が綴っていた日本の農山村の姿ではなかったかと目を疑った。彼がもし生きていてこの場に居たとしたら何と口走っただろうか？　歓談する男どもに酒をついで廻っている当番の者が、時々道化よろしく滑稽話でむら人を笑わしている。一同大声を挙げてワッハッハーと応ずるどよめきが何度となく繰り返される。「笑いの本願」などと題して柳田が綴っていた我が国のかつての口承文芸の現場とは、こんな風なものだったのではあるまいか。

最後にもうひとつここのむら人の所為が日本的にみえる話を紹介する。チベット暦の正月

図８　チベット族の輪踊り―女性側（雲南省迪慶チベット族自治州徳欽県奔子欄）

図９　チベット族の輪踊り―男性側（同上）

七日から七日後以降（正月一五日過ぎ頃）に、むらの男どもは老いも若きもフトンをかついでこのシッコーンに集まり、飲まず、喰わず、一切話をしないで、三夜寝泊りするきまりがある由。前年の汚れを払い去り来たる年の吉祥を願っての所為とのことである。一種の苦業だ。これは、奈良京都などの寺院の吉祥悔過の修正会、あるいは民間伝承としての〝おこない〟に通ずるものではあるまいか。

曲芸風技芸の東西の広がり

大陸には、日本の伝承には見かけないほどの圧倒的な姿を見せはするものの、実態内容はほぼ日本のものとも同一であるという伝承もある。中国の都会地の劇場で演じられている雑伎の類に対して、観客は手に汗を握り肝を冷やすのである。日本の山伏修験者の後裔たちが各地でくり広げている燃えさかる火の上を裸足で渡る火渡りの行事に似たものを、中国東北部の長春市の郊外で、満州族の伝承だったが見たことがある。またこれに類した灼熱の鋤の刃を歯で嚙んで見せたり、髪の毛すれすれの頭上にかざしてみたりの芸を、江南の貴州省の徳江県の土家族の儺堂戯と称する日本の神楽に似た仮面芸の一次第に接したこともある。ところがこの祭りの場で驚嘆すべき執り行いが演ぜられた。演技者たちは土老師と称される地域の渡り芸人（日本の神楽師に相当）であるが、その中心人物が額に五寸釘を打ち込むという荒技を演じ見せたのである（図10）。このようにこちらがたじろぐような技芸を、中央アジアのウズベキスタン南部のボイスンの町でも見た。とある鍛冶屋の前を通りかかり、今時鍛冶屋とは珍しいと、写真を撮るべく家の中へ踏み込んでみると、今しも真っ赤な鉄塊を打っていた鍛冶師が自分を見てみろと言って、真っ赤な鉄塊を舌なめずりして見せたのである（図11）。

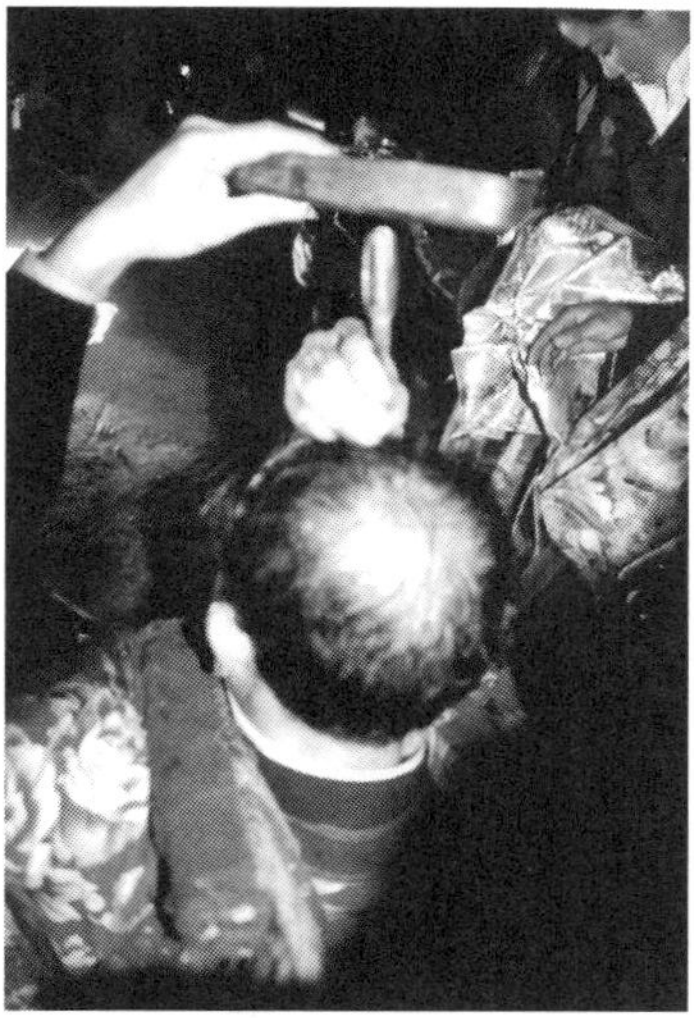
図10 頭に長い釘状のものを打ち込む土家族の芸人（土老師）（貴州省徳江県）

ところで、杉山二郎著の『遊民の系譜 ユーラシアの漂泊者たち』（青土社、一九九二年）は、魔術的なこの種の曲芸的技芸の西方の地から日本に至るまでの系脈を説明しているので紹介したい。まず同人は飛鉢法という幻術が元朝の皇帝の面前で行われていて、その光景と似たことが日本の『信貴山縁起絵巻』に描かれていることにも比されると指摘していた。前者はラマ教の道士《バクシィ》が見せてくれたマジックである。フビライ汗の宴会の席において、帝の前の食卓は一丈二尺の高さにあり、また帝か

図11　真っ赤に焼けた鉄刃をなめる鍛冶職人（ウズベキスタン南端のボイスンの町にて）

ら一〇歩離れた所に杯が置いてあった。フビライ汗が酒を飲もうとすると、驚いたことにひとりでに杯に酒が注がれ、ひとりでに皇帝の口にその杯が運ばれたのだという。そして後者の『信貴山縁起絵巻』には、聖命蓮《ひじりみょうれん》という修行僧の元へ、米俵や倉が空中を飛行して運ばれている様子が描かれている。これも飛鉢法の一つなのだという。さらに杉山は、中国や日本という東アジア方面におけるこの種の幻術を見せる輩たちの淵源を、大陸の西方に探し求めている。例えば先述の元代のラマ僧道士《バクシィ》を次のような存在であったと記している。

さて例の魔術師《バクシ》が巫医《つきものいしゃ》であったり、吟遊詩人と語源を同じくするとする、ユール大佐の注解は、ユーラシア大陸を漂泊放浪する幻人たちの姿と二重映しになっている。

このバクシィは、キルギスや西トルキスタンといった中央アジア以西でも使用されている用語であるという。たまたま筆者自身が、二〇〇三年にウズベキスタンのボイスンを採訪した時に面会した叙事詩語りの名人がバフシと呼ばれていたのを思い出す。

五　《ロシア・中国・日本》の初春の訪れ神

初春の訪れ神は、柳田國男監修の『民俗学辞典』（東京堂出版）に依拠すれば〝小正月の訪問者〟となる。但しここではわが国の小正月とかの年の折り目や、季節や農耕の変り目などやや広がりのある機会に執り行われるものを含んでいる。

私の少年時代、第二次大戦後間もない頃の、新潟県の平野部の一農村の正月は今でも憶い出深い。普段の季節とは違う心踊らせる雰囲気があったし、手がしびれるような冬の、雪の白さを背景にした人々の所為が鮮やかに目に浮び上って来る。門口や神棚に欠かせなかったユズリ葉の深い緑とやや赤味がかった葉の付け根部分、そこに正月の晴れやかさの全てが表現されていた。小正月の夕暮れ、廃棄された正月飾りやら藁・竹・木枝などが積まれたドンド焼き用の薪木の下の雪面がやや溶けかけていて、春が遠くないことを予感させた。当時は今日と違って積雪量が多く、また除雪車など来なかったから、幹道の県道も数ヶ月間は根雪の下に埋れていて、自動車の往来はなかった。三月頃だったろう、集落の一同がスコップを持って道路の雪割り作業をやった。雪道の最下層から、土の混じった一塊の雪をすくい上げた時、若ネギのような黄緑の一茎が顔を出し、一瞬の驚きと、春がきたという実感を覚えたものである。

私のむらには、残念なことに年の始めに小正月の訪問者、いわゆる来訪神がやって来る行事は伝わっていなかった。大人になって他の地域にはこれが結構ていること、しかもそれがひとり日本のみならず、中国にもロシアにも、あるいはヨーロッパにも類似のものが存在することを知った。これ等を採訪した折りの手記などを主にして以下に記す（図12）。

ロシアのノヴゴルドの郊外のむらにて

雪国生まれの性《せい》か冬のロシアの風景は異国とはいえなじみ易さがある。一九九六年一月の

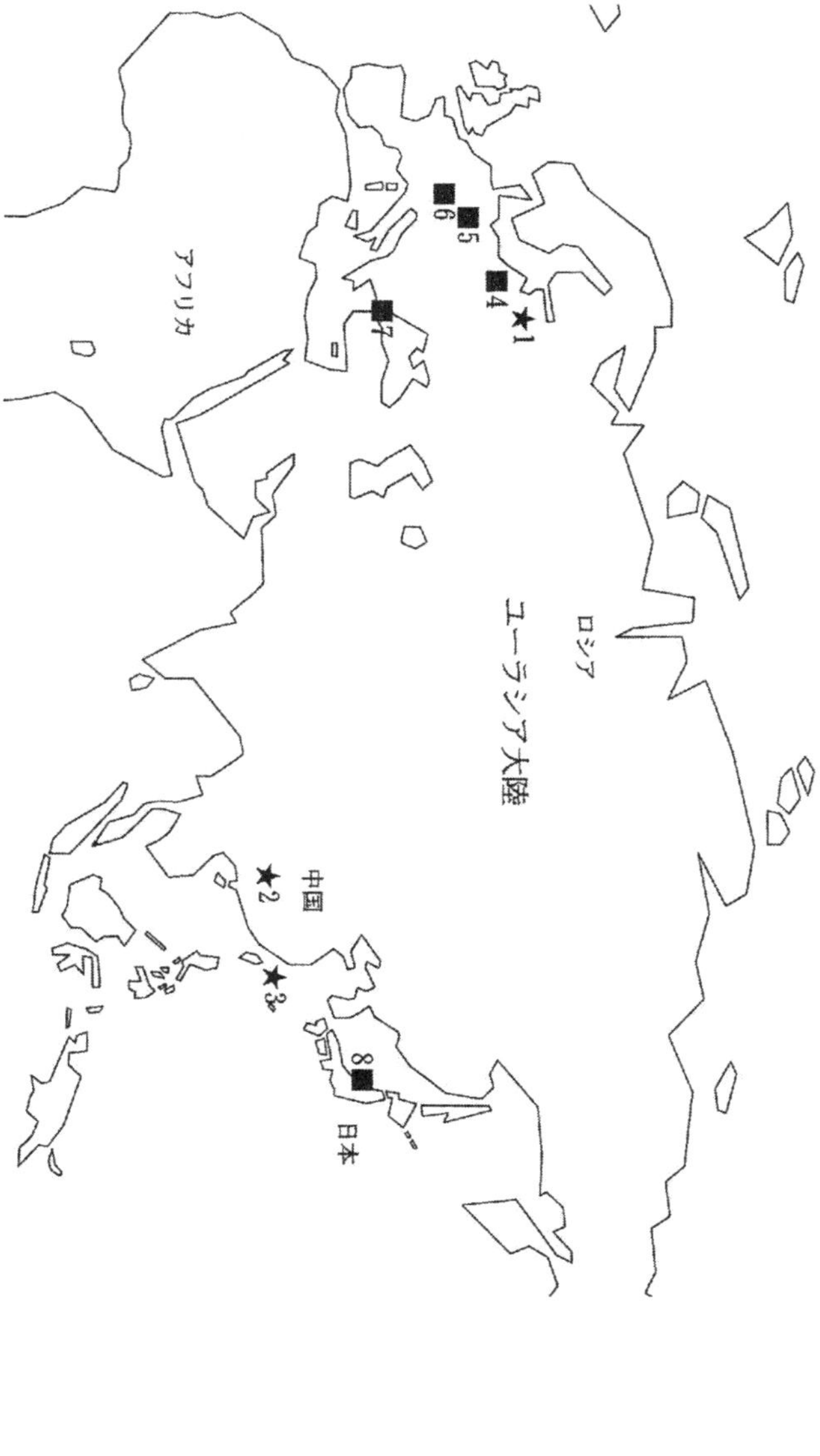

図12　初春の訪れ神の所在地

筆者採訪地　★1ロシア・ノヴゴルド　★2中国・雲南省　★3日本・沖縄県

芳賀日出男報告など　■4ラトヴィア　■5オーストリア　■6スイス　■7ブルガリア　■8日本・秋田県

事である。ノヴゴルドは歴史的に著名な町で、サンクトペテルブルグまですぐ近くの北欧隣接のロシアである。六日、町の中のクレムリンの中のソフィア寺院でクリスマスのミサを聞いたのだが、奈良の寺院あたりの声明のようにも聞えたが実際はどうだったか。雪原は見慣れているもののここの寒さは厳しく、クレムリン周辺を散歩した時に、ものの一〇分位でケースからむき出しでぶら下げていたカメラのシャッターは切れなくなった。零下一七度だった。しかし七日のクリスマス前日は気温がぬるみ取材し易い日だった。市の郊外にある農村部の野外博物館にて、このむらの伝統の諸行事が繰り広げられた。ソ連崩壊後、ロシア政府は、それまで抑圧されていた各地の伝統習俗の復活に力をそそいでいるようであった。モスクワのロシア民族芸術創造館（文化省所属の系列機関）の伝統芸術部長のコズロヴァ・イリーナ・ウラジミローヴナの紹介でこの野外博物館の行事に参加したのである。前々日の五日にモスクワの彼女を訪問した折、ロシア各地の諸民族の伝承についてのビデオ記録の何本かを見せてもらった。日本や中国、その他の国々の行政機関が進めている映像記録作成事業がこちらでも進められていることを知った。この中央の芸術創造館の下部機関が全国に九〇ヶ所ほどあり、各地の伝統文化復活事業を推進していたのだ。私が取材したクリスマスの行事もその一つで、ノヴゴルドの同館支部機関が担当しているものであった。ノヴゴルド芸術創造館の建物の中で、六日の夜には、灯りを消した中で娘達が輪になって占いをやって見せた。

ニワトリ一羽を輪の中央に置き、どの娘の足元に撒いてあるエサをこの鶏がついばむのか、一同それを真剣に見守った。七日は野外博物館での行事となったが、移築された民家（農家）の囲炉裏の側で、スカーフで頭を包んだ老婦が憶い出しながら昔話を語っていた。

ところで、芳賀日出男が北欧のラトビア、それにオーストリア、スイス、更には東欧のブルガリアで撮影した写真（前述の『ヨーロッパの古層の異人たち』所載）の記憶が私の頭にあって、我が国のナマハゲやアカマタ、クロマタなどの異形の態の者に似た来れ神の習俗が随分遠隔の地にも存在することは知っていた。だから、そのヨーロッパに接する地域のロシアにも類似のものがあるはずである、そういう期待をこめて今回の調査行を企てたのだった。芳賀の写真が捉えていたほど鮮やかにそれを物語る形象ではなかったけれどもそれらしいモノが存在していた。少年少女達が一軒一軒農家をめぐり、祝いの歌をうたう。門口でそれを迎えた当家の主人がアメ玉だとか何かのお礼を最前列に立つ子供の持つ籠の中へ入れてやった。すると一行はそこを辞し次の家へと向かった。実はこの訪問者の一行の中に、銀紙で作った星を棒の先につけて捧げ持っている者が一人、山羊の仮面をかむった者もいるし、さらにこげ茶色に顔を塗りたくった者もいた。またこの門訪《かどおとな》いの一行の周囲で様々な遊びも行われていた。カゴメカゴメのように輪になって手をつなぎ踊る子供達。二人の青年が取っ組み合いをし片方を雪の中に投げ落したりしている。紐に一〇片ほどの木片を吊り下げたトレシ

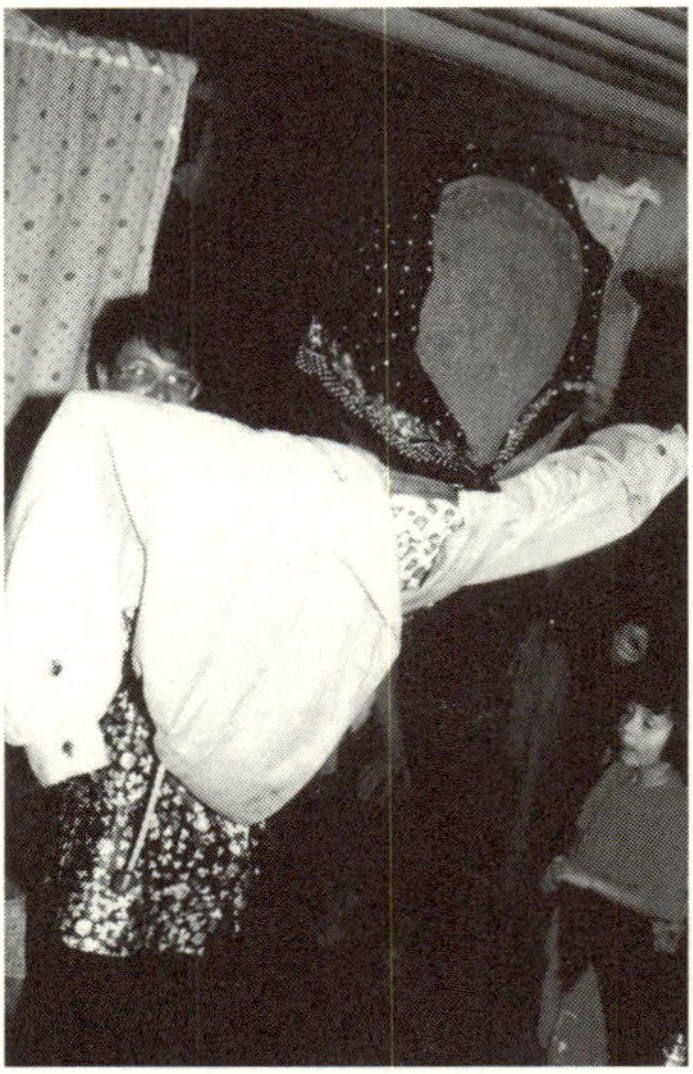

図13　ロシア・コミ人の訪れ神の姿
（コミ自治共和国のニフシェラ村にて）

ヤートキという楽器が目についたが、これは我が国の田楽躍《でんがくおど》りが用いる編木《びんざさら》に構造が似ている。何枚かの色紙を扇状にして人々の前に立ち、紙片の抽出を強いる占い師。その他竹馬、橇遊び、ブランコ、カカシ人形を目的物にした雪投げ等々で賑わっていた。右に述べた仮面仮装の者は、リャジヌイと称されるモノである。コミ人の所では、曲物《まげもの》のフルイ（穀物の粉をふるい分ける用具）を顔に当てて仮面を象《かたど》り（図13）、あるいは先の方がくねっと曲がった火搔き棒（鉄）を頭の先につき出してオンドリの頭を形象していた。たまたま入手した絵本によると、このリャジヌイは一月七日のクリスマス（降誕祭前夜）から、正月（一月一四日）、そして一月一九日（洗礼祭前夜）に至るロシアの二週間にわたるクリスマスの期間に出現する。これは、シベリアの少数民族地帯を除いたロシア各地に広く分布する伝承である（Праздники народов России <<РОСМЗНПРЕСС>> 2002 参照）。この絵本から三点の絵図をここに借用するが、ノヴゴルド郊外の村のクリスマスの仮面仮装の来訪者の姿や、人々の浮かれ遊ぶ様子がここにビビッドに示されている。このリャジヌイの奇怪な異形の態は、年の変り目のこの時期の人々の緊張ぶりを反映しているものかと思う。クリスマス期間中の人々の禁忌や身の慎しみぶり、若者による悪態等々は、何か異常なこの期の人々の気持が、訪れ神の姿として形象されているように思われる。ここに秋田のナマハゲの面相に似たモノの図（図14）を転載するが、一二月の狼祭りに登場する姿であるという。

図14　狼祭りに出現した仮面仮装の者（リャジヌイ）—ロシア

また動物相の姿のものもあって、熊（図15）、山羊（図16）があり、それらに扮している人間は顔をできるだけ隠すようにしている。

そのほかに次のようなこの種のモノの出現の機会もある。前述の絵本によると、クリスマスが過ぎてしばらくして、冬を送り春を迎える行事マースレニッツァが行われるが、この行事に登場するカカシ人形（最後に焼却される）にもリャジヌイが随行している。さらにまたこの折りに、勇敢な子供達がとっ組み合いのなぐり合いをするのが名物だとも記してあることは前に述べた。先述のノヴゴルドのクリスマスでの格闘ごっこも、これに似たものであった。マースレニッツァの場合、すでに横倒しになった者を打ってはいけないとか、痣《あざ》がつくほど叩いてもよいが、血を流すようなことまではしてはならないなどのルールがあるとのこと。何か、年の始めの緊張感の中での、子供達の気散じ行動のように思えてならない。

前述の芳賀日出男の著書が述べていることは、キリスト教化される以前の民俗の古層が、今なお根強くヨーロッパ各地に残存していること、そしてこれが日本の伝承に酷似していることを指摘していた。スイスのゲルソウの町のこの種の行事では、花笠のようなものをかぶり黒マスクをしたご婦人達のグループに、筆者（芳賀）自らが襲われた時の恐怖が綴られている。抱きすくめられてキスされたが、顔に当てた仮面の口によるものでとても痛く、さらに洗濯板や籠でしたたかにぶったたかれ、「助けてくれーっ」と悲鳴をあげたと述懐してい

図15　熊に扮した者（リャジヌイ）が浮かれ踊っている—ロシア

図16　山羊に扮した者（リャジヌイ）が登場—ロシア

る。本当に恐かったようだ。時にこの種悪態は演技では済まされない境地にも展開するのである。ふざけごととか戯れごとでは済されない、何か人間の心の中のひそみの働きがあって、それが異形の態の者の来臨を形象するようにも思える。ともかくこういった年の始めの緊張したひと時は、アジアでもヨーロッパでも、大宗教の圏外で共通に根強く存在し続けているようだ。

中国の雲南省のむらにて

中国のこの種初春の訪れ神が注目されるようになったのは、たかだかここ四〇年ばかりの間のこと。中国側研究者のフィールドワークの調査報告をもとに、日本人研究者がそう呼んでいるそれということである。この概念は、中国側では使われていない。中国側研究者の捉え方は、これを儺《ヌオ》（日本語に強いて訳せば追儺）の一種と捉えており、この種のものを原始儺と表記している。そのように、プリミティヴな儺という把握の仕方である。名称上の違いはともかく実態の共通点を確認しておきたい。ひとつは、ロシアのリャジヌイの所で指摘したように、それは年の始めなどに仮面仮装の態で到来する神霊であること。ふたつにはその目的が人々の招福除災にあること。さらに、杖とか棒などを必ず手にして登場すること。扮している者の素生が決して明かされてはならないこと。時に悪態をつくこともあることなどを挙げることができる。こういったことを充足する伝承が中国にも確かに存在しているのである。今日までに報告されているものは、漢族のものではなく、湖南省、貴州省、広西壮族自治区、雲南省、青海省といった中国西南域の少数民族の伝承である。これの登場は、雲南省のイ族の場合は旧暦の二月八日と六月二十四日である。イ族の暦によればこの折りは年の変り目に相当するとのこと。これが中国における当該事例のひとつと言ってよい。

今回は、二〇〇〇年の旧暦二月八日節の折りの雲南省のイ族の伝承を紹介する。筆者がかねて文献資料の『雲南儺戯儺文化論集』（雲南人民出版社、一九九四年）で注目していた大《ダ》理《リ》白族《バイズウ》自治州南澗《ナンジエン》県新合郷盖瓦洒村《シンヘウシアンガイワシャツン》のものを写真を添えて述べてみたい。それと同時に、異なる地域の伝承バリエーションにも言及する。私がこの伝承に興味を持ったのは、当地では年の始めの訪問者がむらの家々を訪れる際、家の中に上り込んで板間をドンドンと踏みしめ、仮りに床が蹴破られても当家の者は怒るどころか逆に感謝するのだという点にある。このたびはそういう所為の現場には遭遇出来なかったが、仮面の者が、手にした棒で天井を突ついて、壁土がザラザラーッとこぼれ落ちる一瞬を見ることが出来た（図17・18）。災厄払いの荒れ振りの一つなのだが、何よりも乱暴めいて感じたのは、各家々訪問のために走りまわる彼等の足の速さだった。何十戸かのむら全戸への訪問を、限られた一晩の間にこなすため多忙だったのかもしれないが、それだけの理由ではなかったのだと思う。暗がりの中、

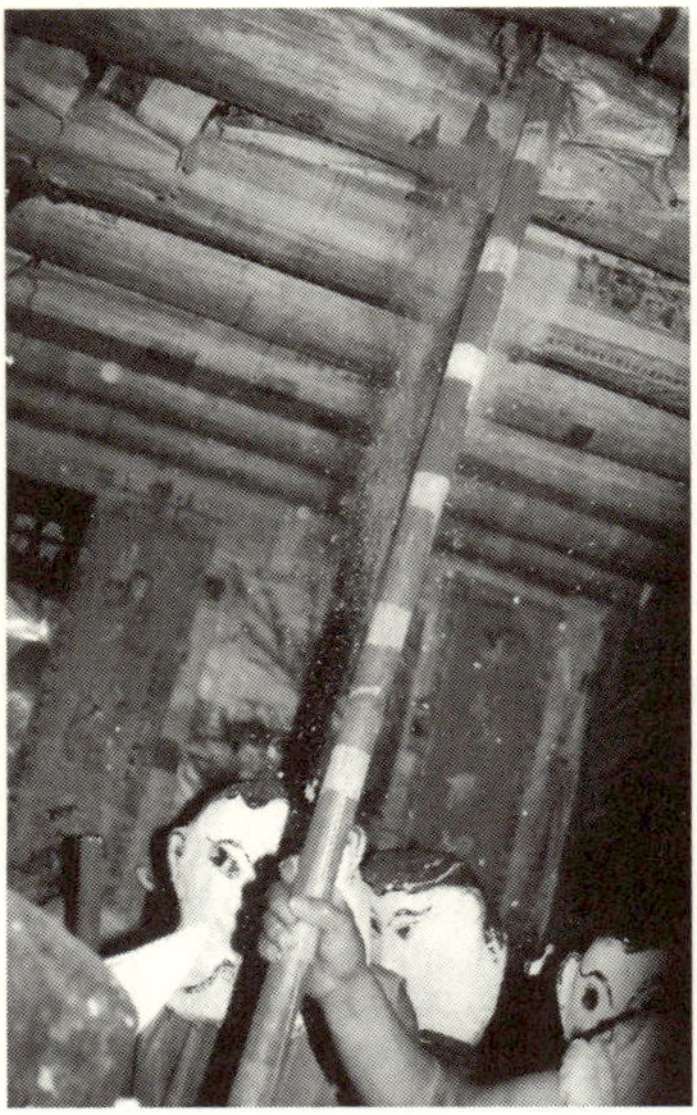

図18　物言わぬモノたちが民家の天井板を壊している場面（同右）

図17　中国・イ族の訪れ神（物言わぬモノ）（雲南省大理ペイ族自治州南澗県の村にて）

家々の軒伝いの石垣上の細道を敏捷に走りまわる。そういう不安定な通路を、他所者の我々取材人が追い駆けるのには危険をはらんでいた。一歩踏み誤れば、肩に掛けたカメラがこわれるだけでは済まない。転落して大怪我をする恐れが充分にあった。この訪問者達、夜一〇時頃、輪踊り（「打歌」と称している）を楽しむむら人男女の所へ突如現れたのだった。何時何処から出現するのか口外されていなかったのだ。こういう隠密な行動が彼等の神秘さを表しているのである。スピーディなむらの家まわりもその延長上にあったのかと思う。翌朝二時頃だったたか、我々取材陣の事を思いやって、本来徹夜するはずだったのを早く切りあげた。本来なら他人には決して見せてはならない、仮面仮装のこの訪問者達の脱面、脱衣の場所へ我々をこっそりと導き入れてくれた。秘儀性が随分と薄れたわけだ。しかしこの秘密の脱面脱衣場（神霊から常人にもどる場所）は、打歌の踊り場のすぐ側の崖の下の藪の中にあったのだ。そこへの登り降りの通路は悪臭が鼻をついた。暗闇の中で確認できなかったが、何か汚物の捨て場になっていた所を通過したみたいだった。意外と人家に近い秘密の場所ではあったが、た易く人が近づけない場所であることを納得した。

一行の、訪問した各家々での執り行いは次のようであった。門口から屋内に上り込む前、当家の主人が焼香して一行を拝し、堂内で踊り踏みまわりのひと働きをして、帰り際に当家から肉などの祝儀物が一行のリーダー格のモノの持つ籠の中に入れられる。こういった一部始終は他地域の伝承にも共通する基本的な次第だ。来訪する期日としては、イ族の場合は各所共通して旧暦二月八日か旧暦六月二四日のどちらかである。これ等訪問者のことを漢族の研究者は跳亜巴《ティアオアバ》(もの言わぬ啞《おし》の踊り手)と命名《あだな》して、その愚鈍さ(あるいは神秘性)を誇張している。蓋瓦洒村の仮面は人間らしい男・女を象った平凡な面相であるが、他地域には様々な形象を呈したものがある。虎や豹、熊といった動物を象ったものがあり、胴体は、棕櫚皮や稲藁、草木、布などで覆ったものがある一方、裸身や顔にペインティングをするモノもある。仮面は、木製、紙製、布製もある。さらにまた、前述のロシア方面のものにおいて紹介した悪態ぶりに共通する伝承もある。例えば雲南省楚雄イ族自治州双柏県の峨民《オーミン》村のイ族の豹踊りでは、棒を振りまわして若い女性を探し出し、その尻を突っつく。また年の始めではなく、結婚披露宴に登場する雲南省大理白族自治州雲龍《ユンロン》県のペイ族のものは、耳支《アルジ》と称される頭部から足先まで棕櫚皮ですっぽり身体を覆った訪れ神の一種である(図19)。彼等は新郎新婦の座るテーブルに纏わりつき、紅肉《ホンロウ》の肉塊の供与を執拗にせまる。また祝宴開始前、嫁迎えの新郎側一行を、集落への入り口の道に築かれた道塞ぎの垣根の所で出迎え、水鉄砲を発射して一行の退却をせまるのも耳支のしわざだ。

ところで、むら行事としての祭りや他村への嫁入り祝言などにおいて、神様の去来や他村の者のむらへの住民の出入りがある。そのために村の境界意識が高揚するようだ。その折り、

図19　ペイ族の訪れ神の一種（耳支）が結婚披露宴に現れた場面（雲南省大理白族自治州雲龍県にて）

集落に通ずる道路には関門が設けられ、道塞ぎ歌のやりとりを行う。こういう習俗を伝えている所を何ヶ所か拝見している。実は盖瓦洒村の旧暦二月八日節へ取材に参加した折りにも、その試練を受けた。二ヶ所でこれをやらされたが、樹枝を積み上げて塞がれた道の集落側《がわ》には若い女性が居並び、私達に向かって歌をうたい掛けた。当然歌による返答を求める問い掛けであった。我々の大部分は歌を忘れたカナリヤだったので、団員の中で歌の得意な沖縄県の人（男性）に頼み、彼の名調子で何とかその場をとりつくろうことが出来た。本来は、歌い掛けられた問いにふさわしい返答の歌が求められていたのだと思うが、我々にはそういう習慣がなくいい加減に済ましたわけだ。旧暦二月八日は一名打歌節といわれるくらい、イ族の若い男女が打歌という輪踊りにうち興ずる時節なのである。この踊りの機会を通じて男女間に恋が芽生え、やがては結婚にもつながる。いわゆる日本でいうところの歌垣的機会である。そういうこともあって他のむらの男女との歌の掛け合いが盛んなのだろう。そういう意味合いの道塞ぎの歌問答だったのだ。これと同様の伝承は、貴州省のトン族や浙江・福建省境いのシェー族にもあり、また中国西北部で盛んな花児《フォアール》でも当地方のいくつかの民族がこれを行っているという。これに類似の道塞ぎの習俗は、歌の掛け合いをともなってはいないものの、わが国の能登半島でナワバリと称し近い頃まで盛んだったことが、天野武『若者の習俗』（ぺりかん社、一九八〇年）で紹介されていた。他のむらより嫁迎えに来る新郎側一行のむら内への進入に際して、若い衆や子供達が、道に縄を張り、丸太ん棒を投げ入れたりしてとおせんぼをする。そうして一升瓶酒とか何かの祝儀をはずんでくれるようにと執拗にせまる。この習俗も今ではほとんど衰退している。というのは、今やどんな田舎へ行っても個人の家で祝言（結婚披露宴）を執り行うことをとりやめて町場の結婚式場を利用するようになったからである、総じてこういうむら意識が日本の伝統行事の基盤になっていたのだが、中国の少数民族のむらにおいても、いつまでもそういう頑迷さに固執出来なくなって来ているのではないか。そう思うのは盖瓦洒村を含む南澗県の地内をメコン川が流れており、採訪当時そこで、三狭ダムにつぐ中国で第二位の規模の大きさのダム工事が槌音高く進行していたからである。当地の人々の生活様式の激変は目前に迫っていた。

日本の沖縄八重山のむらにて

当節冒頭において『民俗学辞典』の掲載項目〝小正月の訪問者〟に言及したが、その項の参考文献として柳田國男の「海南小記」（一九二五年）が掲名してある。当柳田の一文中に記してある沖縄八重山のアカマタ・クロマタ、マヤの神（マユンガナシィ）が、この種訪れ神の日本における典型的な事例とされている。

ところでこれ等は日本列島南端の海洋に浮かぶ島の伝承である。それ等が出現する季節は、旧暦六月の豊年祭（プーリィ）の頃の夏から秋にかけてである。雪に埋もれたロシアや北欧あたりの同種訪れ神の来臨とは半年ほどずれており、なまぬるんだ気温と潮風の匂い、それに穏やかな空の下で進められる。南島のこの一帯ではこの時期に節《しち》とか新節《あらせつ》とかと称される行事が繰りひろげられる。これはいわゆる本土の方の冬季の正月と、性格の類似した年の折り目にあたるとも言われている。したがってこの折りの異形の態の者の出現は、北国の場合と論理は同じことになる。西表島の節《しち》にはその正月らしさを示す行事次第がある。毎年一月前後の己亥《つちのとい》の日から三日間行われる行事であるが、その第一日目を年の夜といい、家中を掃除してきれいにし、夕方、枝サンゴのつぶてを部屋中に撒き散らして邪霊を追い払う。そして床柱をはじめ色々な所をシチカッチャ（節蔓）という蔓葛《つたかずら》を、丁度締め縄のようにして巻きつける。一八世紀の文献史料に、「若水を取浴」と記してあり、若水汲みに通ずることも行われていたらしいのだ。

確か西表島の節の前前夜だったかと思う。石垣島の川平での新節の初日の次第として、マユンガナシィ（マヤの神）の来訪行事がある（図20）。菅笠を頭に、蓑を着し、手拭いで顔を覆い、六尺棒を手にしたマユンガナシィが暗がりの中、各戸を訪問して歩く。各家々の人々にとってこれの訪問、その一挙手一動のふるまいは大いに緊張させるものだ。ロシアやヨーロッパのもの、中国のものと同様に身を清浄にした青年が扮しているが、誰が演じているのかを断じて他人に見破られてはならない。突然来訪し、一定の次第が済むとまた暗闇のしじまにひっそりと立ち去って行く。明け方には全戸のむらまわりを終える。訪問先の門口に立つ訪れ神は、六尺棒を前に突きさし、それに寄りかかるようにしてかなりの時間、唸るとも、ぶつぶつ言っているとも明瞭でない言葉を発し続ける。これは、神口《かんふつ》といって新年の作物の豊穣や人々の健康、家畜繁盛などの祈願を呪い、農作物の播種の季節や耕作地のことを説き示すものだ。この一段を終えると彼等（二人）は、座敷に招き上げられて酒肴のもてなしを受け、辞する際には餅などの土産を持たされる。

アカマタ・クロマタ行事は、私は見たことがなくただ話を聞いただけである。他所者の見物を許可はするが、見学の際、写真、録音など一切の収録を厳禁するというかなりの緊張を

図20　日本の沖縄の訪れ神（マユンガナシィ）（沖縄県石垣市川平）

強いられる島（新城《あらぐすく》）もあるとのことだ。大変秘密めかした伝承として知られている。ずうっと小生も訪問してみたかったのだが、今日まで実現していない。この種の訪れ神の特集を組んだ季刊誌『自然と文化』26号（観光保護資源財団）が今手元にあるが、地の底とも海の水平線の彼方ともいわれる所から、一年に一度来臨するこのモノの恐しさは事実かと思う。植松明石の一文によると、一九六二年新城の島に二二戸の人々が住んでいたのだが、当季刊誌が発刊された一九八九年には僅か二戸に激減し、現在は無人の島と化している。それでもこの祭りの折りには、石垣島や沖縄本島などへ離村して行った当村出身者などが帰島しこれを実施して来た（今日も行われているとのこと）。この間、時代の急激な変貌ぶりにもかかわらず祭りが継続されて来たということは、この精神文化がまがいものであるはずはないということである。ただのまねごとで済ませるようなしろものでは決してなかった。若者を主体としたむら人の秘密結社的な集団がこれを支えて来た。以前、別の機会に小浜島に渡った。渡島の船上で沖縄の友人がアカマタ・シロマタの話は一切してはならないと私に口止めをした。さらに、目の前で今穏やかな顔をしている島の若者も、祭りになると顔付きが一変する。他所者には厳しく高圧的に接するようになるからだと付け加えた。当若者集団の成員となるためにきつい試練が課せられること、一定の成人年齢に達した者であること、島で生まれ島で居住する者であること、品行方正なものであることなどなどの条件がついている由。このことから察するに、むら人は自らの生涯の生活を営むこの大地のために（むらのために）、自らの生涯のために、来訪する神霊とは固い絆で結ばれているのである。だからこそ神霊を敬愛し、また極度に畏れているのだろう。他所者の見学や、何か記録されて客体化されることなどは彼等には全く無関係なのだ。実はこの初春の訪れ神を執り行う若者の役割の大きさは、中国でも同様のことを聞き取りをしていたのである。おそらくロシアやヨーロッパの場合にも、先述のように同様のことがいえるのではないかと思う。この点も汎ユーラシア的な当行事の共通要素の一つである。

訪れ神と農耕

年の始めに来訪する仮面仮装の異形の態の者の習俗が、ヨーロッパ、ロシアから中国西南域、そして日本と、ユーラシアのこんなにも広域に分布しているということは、一五年ほど前、芳賀日出男の著書の先述のヨーロッパのものに関する文章や写真を目にした時から予感してはいたが、今は確かにそうなのだと思っている。芳賀の前掲書に、当種伝承は、ギリシャやトルコ西部にも存在すると記してある。二〇〇〇年八月、中国青海省で開催された国際学会（海峡両岸昆侖文化考察興学術検討会）の席上、ドイツの大学のルドルフ・ブランドル教授がギリシャの同当種伝承をビデオ記録をもとに紹介してくれた。氏が指摘するごとく、中国の研究者が言及している除災招福の儺（原始儺）と少しも変りのない性格のものだったし、芳賀の紹介しているヨーロッパのものに近い外貌だった。また二〇〇三年九月、ウズベキスタンのボイスンを調査した折り、次のことを聞いた。雪が溶けて最初に咲く黄色い花ホウチェチャクを手にした子供達が、各家々を訪れて祝福をしてまわり、お金や小麦粉、パン等の祝儀物にあずかるとのこと。これはロシアのリャジヌイや日本のホトホト、コトコトといった子供達の執り行いにも共通するものではなかろうかと思った。年の始めの訪れ神の習俗は、エーゲ海から西アジア、あるいは中央アジアあたりにおいても痕跡を確認できるようである。

ユーラシア大陸全域におけるこの種伝承を明らかにするためには、南アジアやインドシナ半島方面の事情をもうひとつ確かめねばならないだろう。またロシアのシベリア方面の状況が不明である。もっとも、前掲の絵本をめくると、コーカサス方面にはロシア風のリャジヌイらしきものが掲載されているが、シベリアの少数民族には見当たらないようだ。ひょっとしたらこの点は、狩猟生活と結びついた熊祭りに代表される、動物の霊送りを行う当地域の人々の神霊観に関係しているのかもしれない。これを裏返して言えば、仮面仮装の異形の態の訪れ神の去来観がきわめて農耕民的であるということであろう。というのも、耕作開始直前の初春とか、収穫後の豊年祭とかそのあたりにこの訪れ神の出現時期が集中しているからだ。年の境い目とか、季節の折り目は農耕民には強く意識されているが、シベリアの狩猟民あたりにはそういう意識は稀薄である。

註

（1）郡司正勝『かぶきの発想』（弘文堂、一九五九）など
（2）守屋毅『日本芸能史　1』（法政大学出版局、一九八一）七一頁
（3）池田弥三郎『芸能と民俗学』（岩崎美術社、一九七二）二八―三六頁
（4）柳田國男『郷土生活の研究』（筑摩書房、一九七三）

第三章　歌垣の昔

一　歌垣は情歌とは限らないはず

この山の
ほなやしどけが物言わば
をさ子居たかと問ふべもの

これは春先、山入りして山菜とりをする若者たちの歌だったが、柳田國男が「鼻唄考」に引用した民謡の一節である。こういう歌を聞く春が二、三年もすると娘たちは子持ちになるのであったと柳田は記しているが、若者、恋、仕事といった人の一生のヒトコマが歌の背後に垣間見えているようである。そういう人の生活がまるで自然の景を見るごとくにとらえられている。これを恋歌と解するとしても、確かに、くだくだした男女の情がまるで粉をふいた桃を見るごとくに艶っぽくはあるが、またほとんど平穏な時の流れを感じさせるものだ。これまで何度も指摘してきたが、柳田が民謡を分類するにあたって恋歌とか情歌の項を設けなかったのには、歌がこういう人生の諸事が関わった存在であることを熟知していたからであった。ところが今日、歌の掛け合いといえば、『万葉集』や『風土記』などに記載されている歌垣のことを引っ張り出す癖が我々についてしまった。柳田は民謡を作業の歌と捉えていた。この種恋歌をも、さしずめ人が子供を後世に遺すための作業《なりわい》の歌と位置づけているようであった。実際に生業の作業と恋歌とを弁別することはむずかしかった。たとえば次のような労働作業の歌を引用していた。

臼の軽さよ相手の良さよ
あひ手かはるなあすの夜も

臼をひきやこそ御手もさはれ
あひにや見もせず見たばかり

臼ひき作業の折りの歌の一節である。男女の共同作業となっており、その間合いに互いの性が意識され、それが歌詞にこぼれ出ているのである。まるで恋歌と名付けてもよいぐらいに性的応酬が見え隠れしている。そのようにして労働ははかどっているのである。これは民謡分類では、臼引き歌という労働作業の抽出しに仕分けられている（図1・2）。

二　歌垣の婚姻習俗や豊穣予祝儀礼の来由説

今から三〇年近く前に「雲南に日本文化のルーツを見る」という題名のテレビのシリーズ番組があったが、それは中国雲南省のアシという系統のイ族の祭りや歌、踊りなどの習俗を取材した討論形式の内容だった。その一つに「山頂の恋　歌垣」と命名された回の放送があり、日本の『万葉集』や『風土記』といった古文献に記載されている歌垣が、雲南省に現存しているという趣旨のものであった。その中の討論で、植物生態学者の中尾佐助と民俗芸能研究家の本田安次が意見対立していた場面が印象に残っている。歌垣が執り行われた場面について、古文献の記載には男が他人の妻と仲良くしてもよく、また自らの妻も他所の男と情を通ずることが許されるといった扇情的な描写があるものだから、歌垣という言葉が人口に膾炙し、一方それを不思議に思いどうしてそんなことがあったのかと問う人もいたのである。中尾、本田の両名はその理由説明で対立したのである。

図1　日本の掛け合い歌の一つ「花見歌」（祝儀の席で）（千葉県成田市新妻のオビシャの折り）

図2　中国の掛け合い歌（対歌）の一つ「酒勧めの歌」の場面から（貴州省黔東南ミャオ族トン族自州のトン族の村にて）

本田がそういうフリーセックスみたいなことが許されたのには、それが神祭りに始まっていたからだと述べた。これに対して中尾はそんなことはない、そういった男女交際のやり取りが日常的に存在していたればこそではなかったかと反論したのである。中尾は、神祭りといった信仰的なことに始まりを求めるのではなくて、人間の日常的な感覚に目を据えて科学的な合理的解釈をすべきだと主張していたのであった。この両論にはそれぞれ次のような背景があったと筆者は推察している。つまり歌垣の来歴についての、婚姻習俗説と豊穣予祝起源説とでもいうものである。中尾は、ネパール、ブータンあたりから中国南部、そして西日本へと連なる照葉樹林地帯に共通する文化伝承があると主張していた、照葉樹林文化論者として当時名を馳せていた。同人は、ネパール、ブータンあたりで実地調査をした時に、男女の恋の歌の掛け合い現場を実見していて、それをもとに、照葉樹林文化地帯の共通文化要素の一つとしてこの掛け合い歌をピックアップし、それは当該エリアの者たちの婚姻習俗に密接に関わっていると説明した。つまり今日のような嫁取り婚が定着する以前、古代には妻問い婚があり、後には婿取り婚へと展開したのだが、この伝承はその妻問い婚あたりの男女の掛け合い歌なのだと説明したのである。

このように眺めてみると、照葉樹林文化の中に生まれた歌垣にあって、日本の万葉集、王朝時代の妻問いも、タイ国の婿取り婚も、ネパールのロディも、ことごとく歌垣からおこったと説明できることになる。[1]

一方本田は、性の乱交みたいなことが許されたのには、その前提として神祭りのようなことがあったからだと反論していたが、テレビ番組では具体的なことは一切何も語っていなかった。そこで筆者の推定になるが、当時渡邊昭五あたりが盛んに主張していた、歌垣の豊穣予祝儀礼来由説あたりが本田の脳裏にあったのではなかったかと推察する。ここで渡辺の言説を引用するが、その儀礼には露骨なセクシャルな所為が伴っていたようだ。

男女の性の交渉は神迎えの斎場《にわ》で行われた場合、穀物の稔をもたらす。その斎場は、穀物の結実を目的とした一年の折目折目にする。その穀物への感染が、歌垣の信仰であり、歌垣を今日にまで保存させた最大の理由である。[2]

従来の歌垣の来歴についての研究は、上記二者に代表されるように、男女の情交や性交渉の側面にメスを入れる考察が主であった。土橋寛は歌垣の語義について、ウタカキ、つまり歌掛けから来ているであろうと述べていたのだが[3]、実はその掛け合い形式の歌い方についても検討されなければならない問題であった。それは婚姻習俗や豊穣予祝儀礼等とはまた別の次元の歌の芸態、口承形式に注目せねばならないということであった。つまり耳に聞こえてくる歌声そのものを検討せねばならないということである。

三　歌掛けの起源としての神事の問答歌説（仮説）

いわゆる古文献記載の歌垣の名称のものは、今日日本全国のどこを探しても存在しない。ところが先述の渡邊昭五や土橋寛の著作には、そうは命名されてはいないけれども、内容的に類似のものと推察される伝承が結構あちこちに見られると記されている。それらの一つ、奄美諸島、とりわけ徳之島の伝承をターゲットに、歌声そのものを丹念に追いかけて調査考察を加えて成果を上げたのが、酒井正子の『奄美歌掛けのディアローグ—あそび・ウワサ・死—』である。(4) 奄美、徳之島における掛け合い歌が、踊りなどのあそびの場で、あるいはウワサ話の歌として、さらに死者葬送の歌などとして展開されてきたことの実態が描きだされ、当地の熱っぽい歌声を住民の生活とともに目前にしてくれたすばらしい業績の書である。その歌掛け世界を、「対面文化のメタファー（隠喩）」と命名して次のように文化人類学的考察を加えたのだ。

「歌掛け」は奄美においては、単に歌を交互に出すという形式以上に、歌を生み出す装置、ダイナミズムとしてとらえられる。歌あそびの場は、全員参加の相互作用の場でもある。歌う、聞く、はやす（合の手をいれる）という行為は一体のものであり、顔と顔を見合わせた対面状況に置いて、具体的な「あなた」に歌い掛ける二人称的な表現が煮つめられてゆく(5)。

ところで酒井は上記のような成果をもとに、掛け歌の発生についての先学の定説について異議を唱えたのだが、そのことは逆に同人が見落としていたのではないかと思われる部分、つまり掛け歌の始まりとしての神事の歌との関わりの問題を、浮かび上がらせてくれたのではないかと筆者には思われる。すなわち彼女は次のように疑義を呈していたのだ。

従来の、奄美を含む琉球弧全域を視野にいれた南島歌謡史の先学の定説では、短詩型歌謡（あそび歌、掛け歌）は独自に発生したのではなく、長詞型叙事歌を母体として生みだされたとする。つまり長い歌がちぎれて短くなることによりできてきた、というわけである。そして短詞型歌謡の典型を近世の琉歌に求めている。では、短い掛け歌が独自

に発生する契機はまったくなかったのだろうか。私は文学研究の専門家ではないが、そんな率直な疑問が残る。(6)

確かに彼女が指摘するように、長詩型の叙事歌がちぎれて短い詞型が確立されたという考えは、そのプロセスがよく見えないし、また現行のすべての独立したジャンルがたった一つの源に収斂すると考えるのはどうかと思う。しかしながら、同人が疑問を感じたという先学の定説として、小野重朗の「南島歌謡の系譜」（図3）を引き合いに出しているが、そこで説明していた小野の考え方や、小野が例証していた神事の歌（ノロ、ツカサ、ユタ等の歌）の諸伝承にはもう一歩踏み込んで注意を払ってもよかったのではなかったかと筆者は思う。

実は、この種の歌や唱えごとが、掛け歌の問答形式の始まりとも関わっていたのではなかったかと思われるのである。このことを示している小野が例証している事例の一つを紹介しておこう。それは図3に記載されている沖縄本島のウムイ、クェーナという長詞型叙事歌である。「うりづみくゎいにゃ」という芭蕉布作りを内容としたものである。

うりづみくゎいにゃ（二行ごとに囃子詞「清らや、清らや、清らや」）

うりづみが、初《はっ》が苧《う》　初夏の初苧（芭蕉の繊維）を

若夏が、真《ま》肌苧《はだう》　　若夏の肌美しい苧を
真竹管《くだ》、作《つく》て　　竹の管を作って
真竹いやび、つくて　　竹のいやび（管）を作って
（以下略）

うりづみくゎいにゃは、クェーナ歌形Bの典型的なものなので、その点をもう一度整理しておこう。クェーナ歌形Bは、第一に厳密な対句を用いること。同一のことを同義対語を使って言い替える最も原初的な対句で、その結果、同じ意味を二度ずつ述べ念をおして先に進む形である。第二に、句が集まって形式の上からも意味の上からも、節や章を作ることがない。対句を積み重ねて全体として完結されるもので、連続進行的な形である。だからどんな長い事柄でも述べられる叙事歌形である(7)。

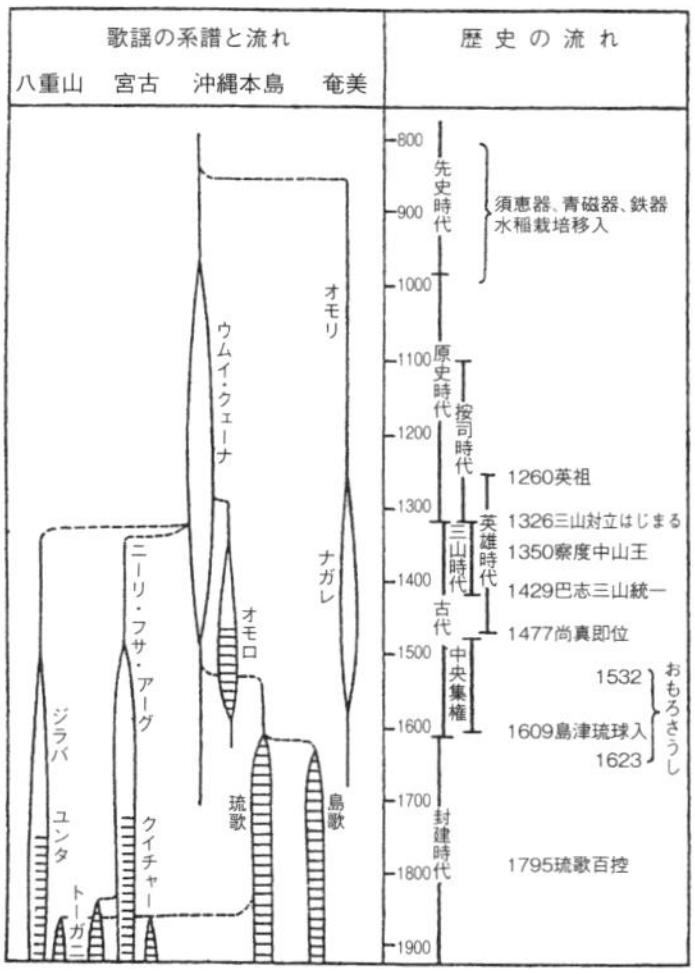

図３　南島歌謡の系譜

要はここで小野はクェーナ歌形Bの事

例を呈示し、その特徴を説明した訳である。すなわち対句を二度ずつ繰り返して、念を押しながら述べたて、連続進行的にそれを繰り返して行く叙事歌形ということである。それではどうしてこういった歌形が問答歌、掛け合い歌の始まりに関わっていたと考えられるのだろうか。実は小野がこのことを説明していたわけではないのである。ここのところはあくまでも筆者の推察である。端的に言えば奄美沖縄の神事のクェーナ歌形の歌は、以下に引用する折口信夫の問答歌の発生論に関わる内容に類似しているものではなかろうかという仮説である。折口は古文献に所載の旋頭歌について、それは、五七七、五七七詞型の片歌を繰り返し連ねる形となっているが、片歌による問答体が一つの様式となったものと説いたのである。しかもその片歌は神事の言語であって、神からの言葉（託宣）であったのだが、人間側の神に対しての設問としてもそれが利用せられるようになり、そんなふうにして片歌を連ねるという形が進んだものだろうと述べた。こういった旋頭歌の歌形は、同一詞型の対句を繰り返し連ねて行くという、先述の小野の説明したクェーナ形歌謡に近いものを感じさせるのである。ここで念のため折口の説明を引用しておこう。

神語即託宣は、人語を以てせられる場合もあるが、任意の神託も待たずに、答へを要望する場合に、神の意思は多く、譬喩或は象徴風に現れる。そこで「神語」を聞き知る審神者――さには――と言ふ者が出来るのである。…（中略）…神の意思表現に用ゐられた簡単な「神語」の様式が、神に対しての設問にも、利用せられる様になつたかと思はれる。私は「片哥」と言ふ形が、此れから進んだものと考へる。旋頭歌の不具なる物故と思はれて居る名の片哥は、古くは必、問答態を採る。…（中略）…片哥で問ひ、片哥で答へる神事の言語が、一対で完成するものとの意識を深めて、一つ様式となつたのである。[8]

四　日本と中国に共通する稲作儀礼の歌

前項三で引用した小野重朗著の『南島歌謡』によると、奄美沖縄方面には氏が稲の生産叙事歌と称している稲作儀礼の歌が豊富に伝承されていることが述べられている。それは先述のクェーナ形歌謡のひとつで、例えば次の天親田《あまおえだー》のような伝承である。

天親田《あまおえだー》（行ごとに囃子詞「天親田よー米ぬ湧き上がゆ」）

あまみ人が、始みぬ　　アマミキヨが始めた
浦《うら》平《た》原《ばら》、巡《め》ぐやい　　浦の平地を廻って

泉口《いずみぐち》、覚《さとう》やい　（田に引く）水の泉口を求め
湧《わく》ぬ口《くち》、覚やい　水の湧き口を探し当て
縦溝《たていずみ》、割い開きてぃ　（田を作る）縦溝を掘り開き
横溝《よこみず》、割り回わち　横溝を掘り回して
畔型《あぶしがた》、作てぃ　（田の）畔の形を作って
枡《ます》ぬ型《かた》、据《い》してぃ　田の区切の形をつけて
足四《あしよつ》ん、下《う》るち　四つ足（すなわち牛）を田に下し
角高《ちんたか》ん、下るち　角高（すなわち牛）を下して(9)
（以下略）

小野はこのような稲作の事をはじめ、狩猟、織物作りなどの各種の生産叙事歌の伝承事例を列挙するとともに、一連の創世神話語りの中の人類の生活文化初めの部分、この場合は稲作耕作のところだが、それが独立して伝えられてきたものではないかと推定して次のように記していた。

南島にはこのような叙事歌が二十篇以上もみられる。前記と同じ「天親田」とよぶクェ

ーナ、別にウムイがそれぞれ数編、これらは沖縄本島に分布し、「テルク口《ぐち》」という歌謡が伊平屋の島々にある。奄美大島では先に例示したオモリ、それに「米ぬナガレ」というナガレ歌が何篇かある。さらに八重山に渡ると「マヤヌ神の神口《かんふつ》」があり、また「稲が種子アヨー」というアーグが幾つも記録されている。…（中略）…これら南島に遍在する稲の叙事歌は、稲の生長の各段階を克明に述べ進む点では全く一致しているが、八重山の「稲が種子アヨー」では「今日が日に、黄金日《くがに》に」稲種子を蒔くことに始まって、いわば祝い歌となっているが、沖縄本島の「天親田」では先に記したように、…（中略）…創世神を第一句にしているのは、この種の叙事歌はアマミキヨ、シネリキヨが稲作りを始めることを歌ったものではなかったかと推測させる。…（中略）…これをみる限り、稲の叙事歌は創世神話の稲作りの部分が独立したものと言うことになる。[10]

日本の南島の古歌謡の中に、この種の神話的要素の存在を指摘していた小野の記述を読んだ時、筆者はすでに中国西南域の少数民族にそのような歌謡群が伝承されていることを承知していたので、小野もひょっとして彼の地の伝承を知っていたのではなかったかとさえ思った。島建て（国つくり）のことから、狩猟、織織、農耕、船建造といった生活生業はじめの事を、オモリ、カンフツといった唱えごとからクェーナ、アヨーといった日本の南島の神歌伝承において述べていることは、内容的に全てではないけれども、中国西南域の神話史詩などと称されている詠唱伝承に重なるものをもっているのである。そのことを示す実例をここに紹介してみよう。前々二項の中で触れた、中国雲南省のアシと呼ばれる系統のイ族の神話的叙事歌「先基」（阿細民間史詩）から引用する。

〈漢語〉
会唱的哥哥哑！
种子有啦、
庄嫁也会盘啦、
歌也会唱啦。
这个时候嘛、
他们又怎样盘庄嫁？

聪明的姑娘啦！
他们盘庄嫁的时候、
黎耙全是自己做的。

〈日本語訳〉
歌のうまいおにいさん！
種を手に入れたし、
耕作もできるようになったし、
歌もうたえるよ。
このような今、
彼等はどのようにして耕作すべきなのか？

聡明な娘さん！
彼等が耕作するにあたって、
犂や熊手は全て自分で作った。

树叶糊干粮袋、
树皮做成皮条、
粪箕背在左边、
干粮袋背在右边。
出去盘庄嫁时、
右手拿着种子、
左手拿着水牛、
男人犁到哪里、
女人就播到哪里。
荞子撤在坡头上、
甜荞犁七下、
苦荞犁七下、
荞针冒出来了、
荞叶长出来了、
庄嫁就是这样盘。

木の葉を糊づけして干し飯袋にし、
木の皮で紐縄を作り、
肥やし箕を左に背負い、
干し飯袋を右に背負う。
耕作に出かける時は、
右手に種を持ち、
左手で水牛をひき、
男が犁いたところに、
女が種を蒔く。
ソバの種を斜面に蒔き、
甘いソバ用に七たび犁き、
苦いソバ用に七たび犁き、
ソバの芽が顔だした、
ソバの葉が伸び出した、
作物作りはこのようにしてやるものだ。(11)

この「先基」の全体の構成は、章立てが「序」、「最古の時代」、「男女が結婚して一家を成す」、「結び」となっている。今引用した部分はその「最古の時代」のところで、ここではその細部として「天地創世」、「人類の誕生」、「生活生業始め」、「暦をつくる事」、「農耕の事」、「家屋建築の事」、「神祭りの事」が述べられていて、これはその「農耕の事」の部分である。これら中国の神話史詩と沖縄奄美の神歌の伝承とは、前述の通り農耕の次第においては大変似通ったものとなっている。但し我が国南島の伝承には、天地創世のくだりや洪水神話と人類の誕生部分については、殆どこれまで採集されたものには見当たらない。また我が国南島では神女による神祭りの詠唱であるのに対して、中国側では右の引用事例にも現れているが、男女の交唱という形式にもなっている（もっともビモ、ベイマなどと称される男性宗教職能者による独唱形式の伝承も一方では存在している）。ここらあたりに異なりがあるものの、詠唱内容においては類似性が感じられる。

日本へは大陸方面から、弥生時代以来水田稲作耕作技術が移入され、全国的に一般化されて今日に至っている。中国大陸方面では、文献史科、考古学の発掘資料からもっと古い時代からそれが行われていたことが判明しており、揚子江流域以南は日本同様の水田地帯である。そんなわけで日中双方に稲作儀礼においても類似伝承がみられる。日本では今も広島県や島根県あたりに囃子田、大田植などと称される田植え儀礼が行われているが、近年まで奄美の徳之島でもそれが行われて来ていたのである。(12) 一方中国雲南省のペイ族でも同様のことを行っていた。いずれも田に苗を植える作業であると同時に、その際に打楽器等で囃したて、また植え手と田の畔《あぜ》に居る者との間で歌問答が繰り広げられるものであり、そのようにして田の神に出来秋の豊穣を願う祭りごとである。日本では御田植、田遊びなどと称して、牛を使っての耕田の様や早乙女による田植えなどの稲作の耕作過程を、模擬的に演ずる歌や踊りの儀礼が全国各地に伝承をみているが、こういったこともまた実は中国大陸でも行われて来たのである。広西壮族自治区や広東省などの南部の方には春牛舞と称して牛の耕田作業や、田植えの次第を有する同様のことを伝承しているのである。(13) 壮族ではカエルまつりの中でこれを行ってもいる。さらに上述の雲南省の大理の水田地帯のペイ族ではこれを「田家楽」と称して行っているが、(14) その呼称は日本の「田楽」に似通っている。また稲作の水田耕作技術を日本に伝来した弥生人については、大陸方面から日本列島にやって来た者たちであろうという見方が専門研究者間では一般的となっている。例えば池橋宏『稲作渡来民』(15) によれば、中国の長江下流域の水田耕作民が山東半島へ、そして朝鮮半島へと移動し、さらに船で九州北部や山陰方面あたりにやって来たものであろうと説いている。同人のこの考察は、従来の歴史学、考古学、人類学や言語学の調査研究の成果をもとにしているが、残念ながら稲作儀礼やましてや歌謡伝承の分野では、そのような研究の積み重ねがこれまでなかったのである。

五　不可視な存在（神）との問答の具体例

前々項三で引用した折口信夫の、神事における問答歌の発生に関わる説明についての箇所、すなわち「神の意思表現に用ゐられた簡単な『神語』の様式が、神に対しての設問にも、利用せられる様になつたかと思はれる」と記されているところが、問答歌の始まりについての当論考の眼目となっている考え方である。それは具体的にどういうことなのか、今日現在のこととしては一体どういうこととしてそれを考えたらよいのか、この点が明瞭にし難い、折口解釈学の謎の部分かと思う。

ところで、実は『南島歌謡大成　沖縄篇上』に、呪詞、呪的歌謡としてミセセル（神の宣リゴト）という神の側からの唱えと、オタカベ（人が神を讃え申し上げること）、ティルクグチといった人間側からのそれとが近似した表現となっている伝承例が載せてある。ここでそのティルクグチについての説明を引用しておこう。

ティルクグチは…（中略）…ティルクとクチの二語が複合したもので、ティルクは太陽神のことだから、太陽神のクチ、すなわち神のクチ（神口）ということになる。

神口ということになれば、ミセセル的託宣であり、神託であるということになるが、今に伝えられている二一篇のティルクグチには、ミセセル的神託型とオタカベ的祝詞型、そしてその二種の一部を含みつつ、部落創世の歴史、神話を伝えようとする意思をもつ複合型の三種の型がみられる(16)。

ところで人が見えない存在（神）に呼びかけたり、その加護を求めたりする時というのは何か人智を超えた境遇に陥った時である。例えば災害や事件など身の危険を感じた時に人の頭を駆け巡るものは、おそらく目に見えない存在との咄嗟の問答であろう。さらにまた、生まれて死ぬことを余儀なくされている人間の一生の折り目、例えば、誕生、結婚、死等は当該人にとって与かり知らぬところが多い成り行きのことであり、不可視な存在を意識し、それと問答する機会となるのである。こういった折りは、そもそもの人間の存在やこの世、宇宙の始まりのこと（神話的なこと）に言い及ぶことになるのである。おそらくそういった類いの境遇が年々繰り返される祭りの場においても、たとえそれが慣例化されて、緊迫感が希薄化されているとはいえ、不可視のものとの何らかの交感は尾を引いていると考えてよいのではないか。

そういった折りに、狩猟、漁業、農耕などといった生業の豊穣ならんことを、ひいては一家や地域共同体の安寧が保たれることを願う。ことがらが未来のことであるとすると、この現在には読めぬこともあり、若干の不安を体験することになる。気候のこと、自然災害のこと、その他の不確定的要素が存在しており緊張を余儀なくされる。こういったことに関わる折りもまた、何らか不可視な存在が意識されていると考えてよいのではないか。予祝儀礼とは、こういった折りの不可視な存在とのやりとりのひとつなのであろう。

日本本土域で田遊びとか御田、御田植え、田植え踊りなどと称して行われている農耕の歌と踊り（あるいは演劇的なものを含めて）についての辞典類の説明には、たいていこれを、感染呪術、類感呪術の両概念を借りて、その予祝儀礼の呪術性を事例を挙げてつぎのように述べている。感染呪術の事例としては、東京板橋の田遊びの次第にある、やすめと太郎次や、長野県の新野の雪祭りにおける老翁と神婆あたりの、男女の抱擁接合場面の模擬演技を挙げ、その所為をもって実際の稲の穂ばらみに感染させるという解釈である。類感呪術の事例としては、例えば「一本植えれば千本となる　これこそ早稲の稲かな　ようふくでもよかれかし　波の穂でもあれかし　七穂で八升八穂で九の枡かな[17]」といった稲苗の増殖の比喩の唱え詞が、そのイメージと類似の出来秋の稲穂の豊穣を促すといった説明をしている。

なお後者のような豊穣予祝の喩え、そういった唱え詞は、日本本土のみならず南島（奄美沖縄）にも、さらにまた中国西南域の神話叙事詩においても共通した事例がみられるのであり、ここでそれらを紹介しておこう。ともかくこれらの表現は、耕田、苗代作り、種まき、田植え、刈り取り、倉入れなど一年の農耕過程が季節を追って述べたてられて行き、最後に金色輝くばかりの豊穣が得られたかの如き喜悦を表すという次第において一致している。もっともその全体の各過程においても、部分的に豊穣予祝の喩えの表現がみごとに展開されている場合もある。そういう表現にこそ、この一連の叙事述べたての要旨が集約されていると言ってよい。それほどインパクトの強い表現もあるのだ。例えば、沖縄の八重山地方の「稲が種子アヨー」ほかに盛んに歌われている文句に次のようなものがある。

うて終《ふ》りぬ、にぐからや　　蒔き終わった今宵からは
蒔《ま》ぎ終《ふ》りぬ、翌日《あた》がらや　　蒔き終った翌日からは
犬《いぬ》が毛《き》、出来らしょうり　　犬の毛並みのように（早苗が）出来るように
猫《まゆ》が毛《き》、出来らしょうり　　猫の毛並みのように（早苗が）育つようにしてください[18]

ここの犬の毛、猫の毛のくだりは、播種した稲種子の毛根が出始めた様子を描写したものであるが、枯死していた籾種から今、生命《いのち》が確認されたというある種の感動がこめられている。さらにもうすでに出来秋の実りが保証されたと思う気持ちさえ漂っているようだ。他方、

先に引用した中国雲南省イ族の「先基」の詠唱にも同類と言ってよいような表現が認められる。それを紹介するが、こちらは種子からの出根ではなく出芽である。

〈漢語〉
三月不下雨、
四月下大雨、
大雨落下来、
落在地上了。

十三天以后、
再去瞧种子、
种子发出了嫩芽。

麻种出芽了、
麻芽象银丝丝。

〈日本語訳〉
三月は雨が降らず、
四月は大雨、
大雨がふりそそぎ、
地上にふりそそいだ。

十三日後、
また種子を見に行くと、
種子はやわらかい芽をだしていた。

麻の種子が芽を出していて、
麻の芽はまるで銀の糸。

荞种出芽了、　　ソバの種子が芽を出していて、
荞种象铜钮子　　ソバの種子はまるで銅のつまみ(19)

ここでの農耕は麻やソバなどの畑作のことであり、稲作ではない。しかし種子の出芽の様子は稲種の出根にも相当し、枯死したものからの生命の芽生えを確認した時のういういしい感覚、驚きの笑顔はまさに共通するものではないか。それは出来秋の実りの予測にまで言い及んでいるかのようである。同じく部分的表現ではあるが、作物の穂の実り部分の表現を例示しよう。沖縄の八重山には次のような二つの常套的表現がある。ひとつは次の例であり、「畔枕《あぶしまくら》」と呼ばれているものである。

北《にし》の風《かじ》ぬ、吹《ふ》きば　　北の風が吹けば
南《ふえ》の畔《あぶし》、枕《まくら》　　(実った稲穂が）南の畔を枕にし
南《ふえ》の風《かじ》ぬ、吹《ふ》かば　　南の風が吹けば
北《にし》のあんだ、枕《まくら》　　北の畔を枕にする(20)

つまり重く垂れた稲穂が、南風が吹けば北の畔の方にもたれかかり、逆に北風が吹けば南

の畔にもたれかかる。いかにもたわわに実った稲穂への喜悦感がこみあげている。もうひとつ実りの豊穣を表現したものにつぎのようなものがある。

石《いし》ぬ実《み》　金《かね》ぬ実《み》、出来らしょうり　石の実、金の実が入るようにしてください[21]

実りがまさにぎっしりとつまるようにして収穫される様子が形容されている。

以上の事例表現を振り返ってみると、いずれも決着のつかない自問自答が背後に延々と繰り返されていることを感じないわけにはいかない。人々はこれから始まる農耕作業の豊穣を渇望するけれども、現実にそうなるかどうかは予測できない自然気候のことなどがあり、一〇〇%保証されているわけではない。豊穣の景とてもあくまでも耕作に着手する前の夢想でしかない。最終的なことは神のみぞ知るというか、人間の方ではどうしようもないのである。「そうなってほしい」「だが必ずしもそうなるとは限らない」「じゃどうすればよいのだ」「いくらがんばってもなるようにしかならないことだ」云々というように、望みを確実にしたいと思えば思うほど解らなくなって行くようなのだ。金色に輝くばかりの豊穣の予祝表現（イメージ）とは、ますます決まりがつけられなくなって行くプロセスのようなものかもしれない。不可視な存在とのキャッチボールが延々と続くばかりである。これがひとつの、現代において我々が体験する不可視な存在との問答のささいな事例とは言えないだろうか。

以上当稿は、歌垣の始まりを、折口信夫の説に依拠しながら神事の唱えごとや歌に求めてみた。ここで問題となるのは、情歌としての歌垣が果たして神事的なことに関わっていたと断言できるものかどうかという疑問、またはその証拠を示してほしいという要望にどう答えられるかという点である。

ところで、歌垣という古文献記載の呼称と同じ伝承が現存していないので、ここでは「情歌応酬掛け合い歌」として伝えられているものとして規定しておく。このような伝承例として、日本の場合ではないが中国少数民族の事例を参考までに紹介しておきたい。雲南省の楚雄イ族自治州の姚安県、大姚県、永仁県一帯のロロ（羅羅）と称される系統のイ族の歌謡世界は、密郭（ｍｉｋｏと発音）と呼ばれる調子の伝承であって、他地域の歌謡世界とは区別されている（六八頁に記載の〝梅葛〟とこの密郭は同じもの）。この密郭には全ての種類の歌が包括されている。神祭りや葬儀の時に創世神話や人類の誕生、生活文化の始めといった神話的内容の歌を主として歌う年寄りたちの老人密郭、山野や娘小屋あたりで恋歌を掛け合う若者男女たちの青年密郭、それにあそび歌などの児童による子供密郭があり、全ての歌は三分割されている。そしてさらにその旋律構造から老人密郭が全ての歌の基本になっている。

例えば青年男女の恋歌の応酬においても老人密郭の神話的な歌が基本となっている。

ともかく一つの歌のコスモスの中に神事の歌も、情歌も子供の歌も共存し、かつその旋律は、老人達によって密郭の核となる歌によってつかさどられているのだ。だからここでは、不可視な存在（神）に関わる歌と情歌とは、密接な関係があると推定されるのである。こういった伝承世界を今後つぶさに検討して行くならば、筆者のこの論拠を後押ししてくれることがもっと沢山浮かび上がるのではないかと思われる。ともあれ、以上のことを説明している参考文献があるので、とりあえずそれを日本語訳してここに付記しておこう。

密郭（密は口の意で、郭は回すの意である）、これは昔のことや過去のことを歌い手の口を借りて再現するという意味である。まず天地創世、洪水によるこの世の水没、結婚、神や先祖を敬い祭ること等を内容として、尊敬されれいる老人が主に歌う。後にこの密郭は青年や子供にも広がって、「青年密郭」「子供密郭」が生まれた。またこの密郭の二字はひとつの大きな歌の楽曲宇宙の総称である。居住地域の違い、文化伝承や方言の違いによって「麦郭」「密唉」の別の二種の呼称もある。ただ内容形式は同じである。(22)

註

（1）中尾佐助『現代文明ふたつの源流』（朝日新聞社、一九七八）一〇二頁
（2）渡邊昭五『歌垣の民俗学的研究』（白帝社、一九七二）一頁
（3）土橋寛『古代歌謡と儀礼の研究』（岩波書店、一九六五）
（4）酒井正子『奄美歌掛けのディアローグ――あそび・ウワサ・死』（第一書房、一九九六）
（5）註4と同著の三三九頁
（6）註4と同著の三四〇頁
（7）小野重朗『南島歌謡』（日本放送出版協会、一九七七）八五頁
（8）折口信夫「國文學の發生」（第一稿）『折口信夫全集　第一巻』（中央公論社、一九六五）六八―六九頁
（9）註7と同著の八九―九〇頁
（10）註7と同著の九二―九四頁
（11）『阿細先基』（雲南人民出版社、一九五九）七五―七六頁（日本語の翻訳は筆者）
（12）内田るり子『奄美民謡とその周辺』（雄山閣、一九八三）八一―一一八頁
（13）孫景琛「民間春牛舞及其他」『民間文芸論叢』（中国・中国民間文芸出版、一九八一）三〇七―三一五頁
（14）『大理風俗』（雲南美術出版社、一九九四）三六―三七頁
（15）池橋宏『稲作渡来民』（講談社、二〇〇八）
（16）外間守善・玉城政美『南島歌謡大成　沖縄篇上』（角川書店、一九八〇）六四八頁
（17）文化庁編『民俗芸能〈田楽ほか〉』「重地えんぶり」（青森県八戸市）（文化庁、一九七二）二二一―二二五頁

(18) 註7と同著の一一六頁
(19) 註11と同著の一八八頁（日本語の翻訳は筆者）
(20) 註7と同著の九一頁
(21) 註7と同著の一一七頁
(22) 楚雄州文化局編『楚雄州民間歌曲集成』（中国国際出版協会、一九九一）一二八頁

第四章　狩猟地帯の西シベリアからの風

一　西シベリアの熊祭り

（一）ハンテの人々と熊祭り

ハンテの人々

筆者が初めてハンテ人の住むロシア西シベリアのハンテ・マンシスク自治管区を訪れたのは一九九七年の一月のことで、ハンテ人の熊《くま》祭りをどうしても見たく、その交渉に向かった時である。というのも前年にロシアの書籍でその祭りで演じられる仮面の寸劇のグラビア写真が掲載されているのを見つけ、こんな遠隔の地にも日本の狂言と同じような笑いの歌と踊りが息づいていることに驚いたからである。酷寒の大地にも温暖なアジア域にも劣らない歌や踊りの賑《にぎ》わいのあることを直感したのである。

ここに、スナップ写真が一枚ある。一九九八年一二月にハンテの熊祭り採訪が実現した折

図１　熊祭りに集まったハンテの人々

りの、祭場の野営地の猟師小屋で撮影したものである（図1）。多くはハンテ人であるが、ロシア系の顔をした人もおり、またこの時の調査団の一員の日本人（故谷本一之元北海道教育大学学長氏）も混じっている。ハンテ人は日本人に似ているようでもあり、似ていないようでもある。

言語学や歴史学の専門家によると、彼らはハンガリー人と同じ言葉を話すフィン・ウゴール語派の人々だという。この種の民族は太古の時代にアルタイ山脈を経て到来したアジア人と言われ、ウラル山脈の南部に原郷があると見なされているとのこと。ハンテ人は、ウラル山脈の東側を南北に北極海へと貫流する大河オビ川の中下流域に居住している。そこはモスクワから飛行機で三時間東へ飛んだ所のさらに東方にある。彼らは、フランスの領土より広い大地にわずか三万人程度の人口であり、トナカイ飼育、漁撈、狩猟を生業《なりわい》としている。

右記の熊祭りは、厳寒の冬の真っ最中に、オビ川支流のカズィム川上流の雪原で行われたが、そこへはモスクワからタイガの中に急造されたまちのヴェロヤルスク市まで飛行機で飛び、さらにまた東へヘリコプターで一八〇キロ飛ばねばならなかった。この折りには気がつかなかったが、ハンテ・マンシスク自治管区一帯は豊富な石油資源の埋蔵地で、さまざまなその関連事業が展開されていた。後日そこから南東方向のスルグット市を訪れた時に水が真っ黒な川を目にしたし、鉄塔の先端から炎がゆらめいているのを見た。

熊祭り現場の無人の原野に、我々はテント、自動発電機、食料、暖炉器具など数日間用の生活必需品一切を積み込んで飛んだ。目的地に到着するとすぐ、キスィというトナカイの皮製のロングブーツを履かされた（図2）。これは抜群に暖かく、我々日本人の目からは劣悪と思える自然環境下に十分対応できる快適なものであった。日本から履いて行った零下四〇度まで耐えられるという現代技術の粋を尽くした靴は役にたたなかった。ハンテ人の文化程度の高さには目を見張ったが、タイガ、ツンドラ地帯に生きる人々の知恵の産物である。

驚いたことはまだある。この熊祭りを案内してくれたハンテ人の研究者チモフェイ・モルダノフを一九九九年に日本に招いて、大阪の阿倍野の地下街の、似たような通路が縦横に走っている所を案内した時、彼は一遍で通りの様子をインプットし、日本人の筆者が逆に彼の教えを乞うはめとなった。シベリアで二千頭のトナカイを飼育していて、動物の顔全てを識別できるのだからそれは当たり前だと彼は平然と答えた。

ハンテ人の熊祭り（上）

一九九七年にハンテ人の熊《くま》祭り採訪を実現すべく最初にアタックしたのは、ロシアにある日本大使館だった。そこでの情報を得てモスクワのロシア文化省所管の芸術創造館へ向かい、

図２　零下50度でも暖かいロングブーツ「キスィ」

そこの部長さんのご好意でハンテ・マンシスク市にある同機構支部へ連絡をいただいて、現地へ赴いた。

そこからオビ・ウゴール民族復興研究所へ案内され、漸くハンテ人の熊祭り研究者のチモフェイ・モルダノフとお目にかかることが出来た。そこから話が具体的に進み、翌年一二月に念願がかなったのだ。

当時はソ連邦が崩壊して間もない頃で、鉄のカーテンで情報の閉ざされていた地に踏み込めたことに私は心うずくものがあったが、現地でも旧来の伝統的なものが復興している息吹きを感じた。ハンテの熊祭りは一九九一年、九三年、九四年とたて続けに行われており、右記の研究所では丹念にビデオ記録を作成し保存していた。もちろん我々日本人が立ち会った一九九八年も映像記録化が行われていた。またこの折りはモスクワのテレビ局が同時取材を行っていて、後日三〇分余りの番組として放映されたという映像を見せてもらった。

祭りは厳冬の一二月二〇日から二四日までの四夜五日間にわたって、オビ川支流のカズィム川の上流の雪原、零下四、五〇度の寒さの中で執り行われた（この時の熊は霊魂を四つ有するという雌だったので四夜の祭りだった。仮にこれが雄であれば霊魂が五つなので五夜になるとのこと）（図3・4）。

前日の一九日にヴェロヤルスク市からのヘリコプターにて現地に到着したが、完全着地は

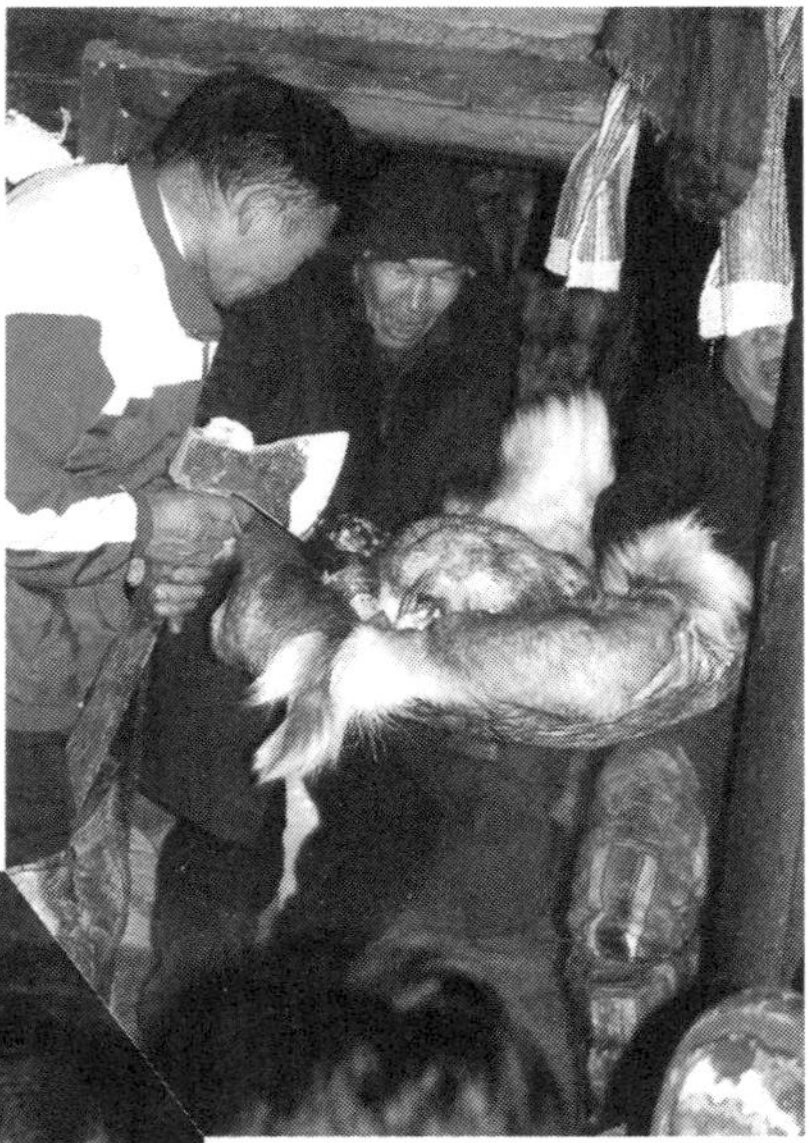

図３　熊頭を猟師小屋に迎え入れる場面

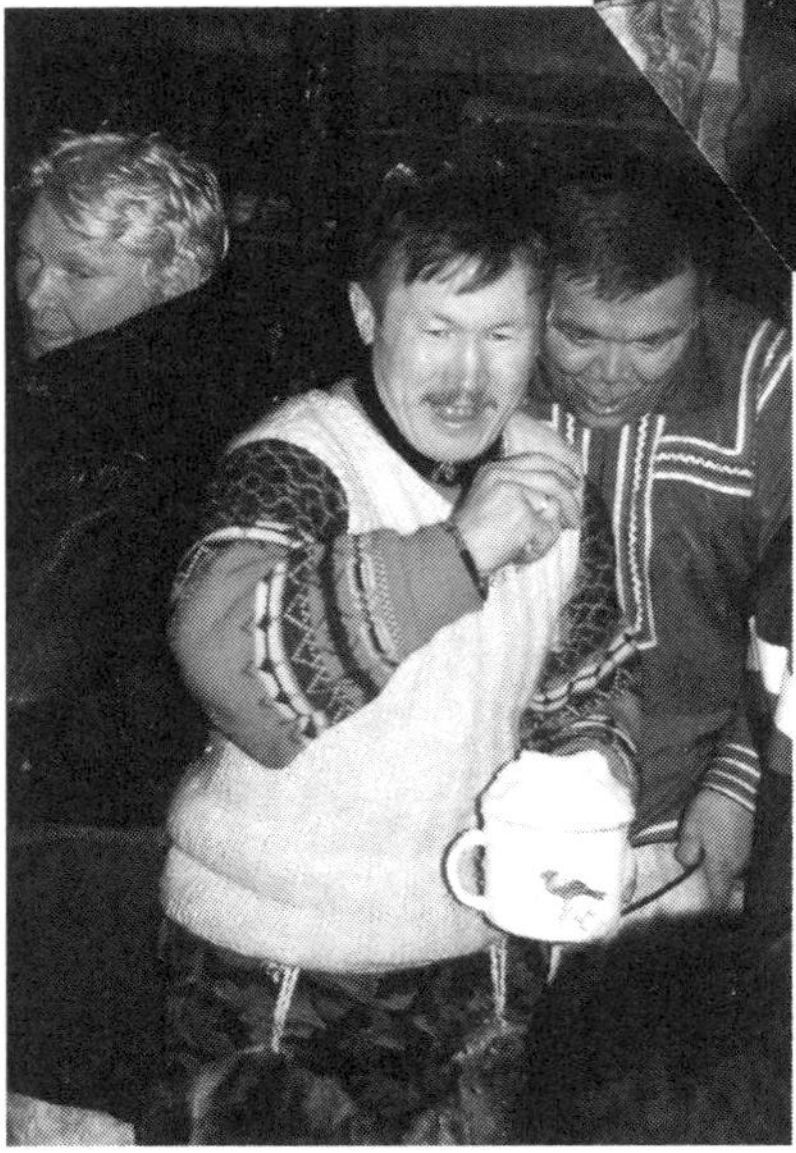

図４　迎え入れた熊頭に雪つぶてを投げつける男たち

せず人と荷物を吐き出すとヘリはすぐまた飛び去って行った。というのもそこは雪に覆われた湖の上で過重による氷割れを避けたのだ。テント張り、暖炉設置、薪取りと数日間の共同生活のための場作りが行われ、万が一のために、無線レシーバーによる三〇キロ離れた最近接地の集落ユーリスクとの連絡網が設けられた。

六〇人のハンテ人は半径約五百キロのエリアから飛行機やヘリコプターを乗り継いで参集していた。この祭りで最も重要な「熊の歌」を歌える、森の中で単身居住しているという八〇歳ほどの古老が、ヘリコプターが突然迎えに来たので着の身着のまま飼い犬とともにやって来たと語っていた。

その夜祭場の猟師小屋に一同集められてスケジュール確認などのミーテングがあったが、私がうっかり「熊」と口走ってしまい、モルダノフからきつく叱《しか》られた。この言葉は祭りの場では禁句で、「おじさん」「おじいさん」などと呼ばねばならなかったのだ。熊への畏敬の念の強いハンテ人を痛感した。また、翌日から始まった熊祭りの場で人々は思い思いに熊の踊りを踊っていて、女性もこれを踊ると野イチゴつみなどの折りに熊に襲われないからと参加してはいたが、必ずショールで顔を隠して踊っていた（図5）。祭壇に据えられた熊に見られることを恐れてのことだ。女性と熊との間にはある種の緊張関係というか、熊に対する特異な感情がハンテ人にはあるとのこと。

図５　ショールで顔を隠して熊頭の前で踊る女性

この年の祭りでは百番近い歌や踊り、仮面の寸劇など多数の演目が演ぜられたが、文献によればかつては七日間祭りが続き三百番も演ぜられたという、すごい祭りなのだ。

ハンテ人の熊祭り（下）

熊《くま》といえば、日本では近年山から里へ降りて来て人に危害を加えることで話題となっている。またかつて富山の薬売りが各家に置いて行った置き薬の袋に必ず入っていたのが「熊の胆《い》」であり、熊は我々の生活の中で馴染《なじ》み深い存在である。

その熊祭りといえば、マタギが山で打ち捕った熊に対して行う習俗が日本本土にあるが、歌や踊りを伴うものといえばアイヌのそれに勝るものはない。アイヌの熊祭りは世界の文化人類学方面の研究者に知られて書物にも記載されて来たが、ハンテ人のそれは、（上）で記したように沢山な番数の歌や踊りが演ぜられているにもかかわらず、日本ではこれまでその存在は知られていなかった。

ハンテ人のその内容は次の通りである。熊は巣穴などで猟師に捕らえられて撲殺され、その肉体が解体されて、ぬいぐるみ状態の頭部が集落に運びこまれる。

祭場となる家の中の一隅にそれが安置されて数夜におよぶ飲めや歌えの饗宴が始まる。まず、生理的に殺害されていた熊が赤ん坊として生き返らされる。そして、自らが誕生してから死して今祭りを受けるに至るまでの熊の生涯譚が縷々《るる》歌い語られる（「熊の歌」）。また踊りや仮面の寸劇、また森や川、湖沼などのさまざまな精霊たちなどの演目が延々と数夜にわたって繰り広げられる。これらの一部始終を目にした祭壇上の熊は、演目が尽きるとともに自らも果てる。

この部分の説明としてチモフェイ・モルダノフは、「熊は死ぬ」、「熊が埋葬される」と、人間の死、葬儀のアナロジー（類推）のように記していた。ここの理解がむずかしい点で熊祭りの意義の肝要なところである。この後、熊の霊魂の一つが居住民の守護霊と化し、また別の霊魂が、ハンテ人が天界の最高神とみなすヌミ・トルムの坐す天界へ持ち去られる（図6）。

アイヌにおいても、熊祭りのことをイオマンテ（熊の霊送り）と呼称している。祭り後に熊は高い山の上の本来の国へ帰るのだとか、イナウ、酒など人間から沢山のお土産をもらって親たちの居る地に帰還するなどと説明されている。

動物としての熊が何か霊的存在に転生して行くということの構造はハンテ人の場合もアイヌ人の場合も共通する。つまり、双方の熊祭りにおいて熊は、生理的な死と霊に昇華して行く死のいわば二度の死の道を辿るものと言え、その二度目の死に至る過程において歌や踊りの演目が欠かせない存在となっている。もっとも故意に熊を殺すという点が、人間の死の場合

図６　熊の霊魂の一つを天界へ持ち帰る天神

とは異なっている。

アイヌ人の熊祭りとハンテ人のそれの違いの大きな点は、ハンテではトナカイを供犠して熊に供える点である。アイヌにはそのような供犠は一切行われていなく（ギリヤーク族においては犬を供犠するとのこと）、この点はアイヌの方が熊祭りの古層を留めているからかもしれない。ところで、かつてJ・E・ハリソンが『古代芸術と祭式』の中で、アイヌの熊祭りの熊の殺害は、古代ギリシャの春祭りにおける牛供犠と同じだと記していたが、それは違うのではないかと思う。牛供犠は神への捧げ物として牛が殺されるが、熊祭りの熊は決して何か他の神霊への捧げ物として殺されるのではなく、右に述べた如く熊自体が敬われるべき神霊的存在へと化して行くのである。ハンテ人の熊祭りにトナカイは供犠されるが、熊が供犠されるわけではない。

（二）ハンテ人(1)・マンシ(2)人の概況と来歴

1　経済開発によりスポイルされている原住民の伝承文化

去る二〇一五年八月一九日にロシアのハンテ人の熊祭り研究者のチモフェイ・モルダノフ

から突然Eメールがあり、次のような新聞記事の添付送付があった。それは、ハンテ・マンシスク自治管区内の「スルグット石油ガス会社」の社員の偽シャーマン刑事犯に対する裁判法廷で、本物のハンテ人シャーマンからの検察当局への差し戻し請求が却下されたという内容のものである。この係争事件のそもそもの前提が判らないと何のことか理解いただけないことと思うが、新聞記事全体の文面から察するとそれは次のようなことである。右スルグット石油ガス会社の社員が、ハンテ人の崇拝所（聖なる場所）の近くにある石油採掘作業の障害を取り除くために、偽シャーマンに成りすまし、イムル湖という聖なる湖をでっち上げて、その地を守るためにと称して、本物のハンテ人シャーマンを殺すぞと脅迫したとの案件である。そのため本物のシャーマンが事の成りゆきを法廷に提訴していたということである。このたび彼からの差し戻し請求が却下されたとのこと。当該本物のシャーマンは、なお事態のより正確な詳細を文章化して再提訴すべく努めているとのことである。

右記のチモフェイ・モルダノフは、筆者達を一九九八年一二月にハンテ・マンシスク自治管区内のオビ川の支流カズィム流域で行われた熊祭りに案内してくれ、その後二〇〇一年に筆者とともに共著『シベリア・ハンティ族の熊祭りと芸能』を日本で刊行した旧友である。その後も何回か彼とは面会し、その都度彼からハンテ人に関する色々な情報を提供してもらっている。また右の本物のシャーマンとは、新聞に掲載されている写真から察するにセンゲ

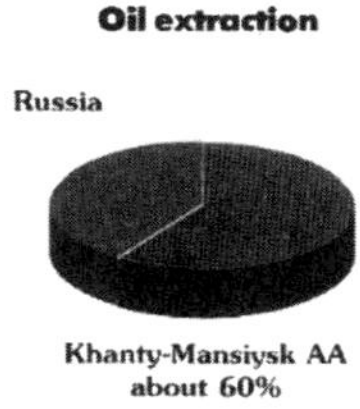

図７　ロシアの石油産出量

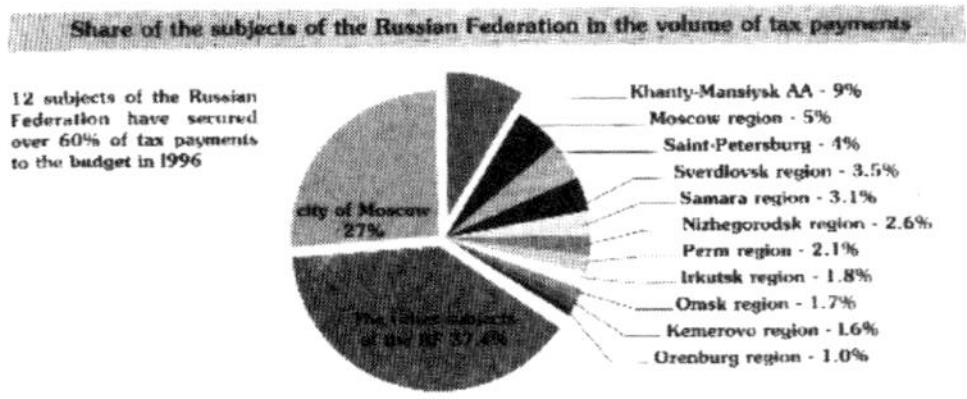

図８　ロシアの税金納入自治体

ポフのことで、右の熊祭りは、彼の猟師小屋を祭会場として彼の指揮のもとで執り行われたものであった。

当該ハンテ・マンシスク自治管区は、石油天然ガス資源の豊富な埋蔵地で、第二次大戦後にこれら資源の採掘が始まり、これまでその開発事業が急テンポで展開されてきた地域である。データから察すると当地は今日のロシア経済を支えている有数の地域であることが解る。一九九六年の統計資料によると、当地の石油産出量は全国の六〇％を占め、国税の納付額は全体の九％で、それが二七％のモスクワ市に次いで全国二番目となっている（ちなみにサンクトペテルブルグ市は四％で第四位）[4]（図７・８）。今日の石油ガス産業メッカの大地に、長年にわたって定住してきたハンテ人やマンシ人の先住民の貴重な伝統文化は、必ずやスポイルされているものと予測はしていたが、このたび初めてその具体的な抑圧事例に接することが出来た。石油ガス開発事業者側と先住民側との間の血なまぐさい争いが今まさに展開されているのである。開発者側がわざわざ偽のシャーマンを仕立て上げたり、偽の聖なる湖をでっち上げたり等の策略を弄しているということは、如何に先住民側の信仰心が強固なものであるかを物語るとともに、石油ガス開発という国を挙げての経済行動は目的遂行のためには手段を選ばないということを示している。その狡猾さは先住民の魂ともいうべき信仰、心の奥底にまで手を突っ込もうとしているのである。

2 シベリア、オビ川流域のハンテ人、マンシ人の概況

(1) 人口、言語、生業、そのほかのことなど

筆者がハンテ・マンシスク自治管区の役所所在地のハンテ・マンシスク市を初めて訪れたのは、一九九七年の一月であった。モスクワの国内便発着空港で出発便の搭乗を待っている時に、確かあるご婦人（医師）に、これから現地で面会したく思っているハンテ人についてトンチンカンな質問をしたことを覚えている。ハンテ・マンシスクの空港に降り立てば、すぐにでも少数民族のハンテ人に会えるかとばかり思っていたが全く違っていた。「まず会えないでしょうね、森へでも行かなければそれは無理ですよ！」という答えであった。彼等は少数民族なのであるが、私には全く何も予備知識がなかったということだ。自治管区発行のパンフレット(5)によれば、一九九七年現在の管区の総人口は一三五万人で、ロシア人、ウクライナ人、タタール人、バシキール人などでその多数が占められ、先住民のハンテ人、マンシ

人、ネネツ人を合わせてわずか三万人ということである。また自治管区の面積は広くて大体フランスの国土に匹敵するというが、まさにハンテ族の人に出会うといっても簡単ではないのだ。

次いで先述のパンフレットに掲載してある、ハンテ人、マンシ人等の先住民に言及している部分を引用する。

言語的にはハンテ人とマンシ人は、フィン語、ハンガリー語、エストニア語、サーメ語、マリ語、ウドムルト語を含むフィン・ウゴール語派に属している。彼等の生業は漁撈、狩猟とトナカイ飼育である。それら以外に、ハンテ人、マンシ人、ネネツ人の生業には、野草の採集、毛織り物づくり、毛皮服づくり、木、骨、角、白樺表皮などを用いての加工品づくりがある。

ハンテ人の古称はオスチャク（Остяк）と言い、二万二三〇〇人の人口があり、ハンテ・マンシスク自治管区とヤマロ・ネネツ自治管区、それにトムスク地区に居住している。民族性の違いから北部、南部、東部の三グループに分けられ、それぞれ方言、名称、経済文化の性格が異なっている。彼等はオビ川とイルティシ川の支流（ヴァスユガン川、サリム川、カズィム川その他）域の入り江に居住している。ハンテ人の伝統的生業は川魚漁であり（特にオビ川、イルティシ川とそれらの支流域の低地）、タイガにおける狩猟とトナカイ飼育である。南部方面のグループは、オビ川沿いに居住して一九世紀よりすでに牧畜業と野菜栽培を行ってきた。採集の仕事（ナッツ、ベリー、後にはキノコ等）も重要であった。ハンテ人の精神文化として、熊への崇拝と熊祭り、あるいは熊の遊びの折りの神話と儀礼の複合行事が大きな役割を果たしている。英雄バラード、叙事詩、怪異譚が代々語り継がれて来た。

マンシ人の古称はヴォグル（Bогул）といい、八三〇〇人の人口がある。マンシ語は方言によって、北部、南部、東部グループに分けることが出来るが、…（中略）…現在では北部と東部の言語と伝統文化のみが保存されている。主な伝統的生業は漁撈と狩猟で、ある者はトナカイ飼育に従事している。彼等には歌、バラード、昔話といった民俗伝承が豊富である。

（2）気候風土

筆者の当地訪問の目的は、なんとか彼等の熊祭りを見せてもらうことであった。この要望に応えてくれたひとつが、一九九七年八月のナズィム川（オビ川の支流）を遡った所のクィシク（Кышик）集落（ハンテ族の居住地の一つ）への採訪行であった。もちろん夏季なので

図９　ナズィム川の岸辺の樹木林（タイガ地帯）

熊祭りの見学はかなわなかったが、熊祭りに演じられる仮面の寸劇七番を特別に演じてくれた。この折りイルティシ川にある港から船に乗り込み、オビ川へ入って、しばらくしてから左折してナズィム川の流れを北上したのである。初めてタイガのただ中での風景に接した。上流へと遡るにしたがって徐々に川幅が狭まって行き、両岸の鬱蒼とした針葉樹林の森が延々と続く様子に圧倒された。人声はないけれども、時折り何か樹木がきしんでいる音が耳に入った（図９）。往路で、案内役の役所の文化部門の課長氏が、まだ川幅のかなり広いとある岸辺に船を寄せて、ムクスンという魚を一匹購入してすぐ包丁で捌き、刺身を作ってくれた。川風を受けながらウオッカをあおり、これをほおばったことが印象深

図10　川魚のムクスンの刺身つくり

い（図10）。後でわかったことだが、川岸にはこのように魚を捕って売りさばく者が所々にいるらしい。またクィシク集落からの帰路には、浅瀬に座礁した船に遭遇したが、船上には一〇人近くの若者男女が乗っていて肩に鉄砲をかついでいた。甲板には打ち獲られた鳥類が何羽かほうり投げてあった（図11）。娯楽としてのハンティングであったかと思うが、ともかく猟の獲物の多い一帯であることをうかがわせた。

ここで先述の自治管区のパンフレットにもどり、当地の気候風土に関わるページを引用紹介する。[6]

ハンテ・マンシスク自治管区は西シベリア中央部の平原に位置していて、五三万四八〇〇平方キロメートルの広さを占めている。西の端はウラル山脈に接しており、東の方

図11　ハンティングを楽しむ一行

はクラスノヤルスク地方に接し、南はトムスク地域とトボリスク及びイブデーリ方面に接していて、北部はヤマロ・ネネツ自治管区である。

　当該自治管区は、ウラル山脈の尾根によって温暖な大西洋から閉ざされている一方、北極海からの風が吹き込み、しかも緯度の高い所に位置している。自然気候は以上のように形成されている。典型的な大陸型気候である。つまり厳しい冬季があって、短い暖かな夏があり、春は冷たい気温の変動がたえず起こり、秋と冬には短い雪解け期がある。年平均気温は零度以下で、自治管区の北の方ではマイナス四・五度、南の方で

図12　蛇行するオビ川流域

はそれがマイナス一・五度まで上昇する。一月の平均気温はマイナス二四度で、六月はプラスの一八・一度である。年間の降雨量は五五〇ミリで、ほとんどの雨量は温暖な時季のもの。夏には豪雨があり、冬には積雪がある。根雪は一〇月下旬に始まり、五月中旬に消える。最高積雪は三月末で五〇センチになる。夏を除き、南西の風が吹き、夏には北極海の影響で北西の風が吹く。平坦地は過剰な降水により、春の河川の洪水は過度に湿気を含んだ土壌を刺激し、自治管区の半分近くを占める沼地が形づくられる。西シベリアの二大河川であるオビ川とそれへ流れ込む支流のイルティシ川が、オビ湾とカラ海の方へ自治管区の南から北へと流れ下っている。オビ川とイルティシ川の氾濫域は、一三〜一四キロの幅で数千キロメートルにわたって続いている（図12）。これらの湿地帯や森には二万五三〇〇箇所の湖があって、それらの総面積は一六〇万ヘクタールとなる。

泥炭湿地帯とポトゾル土壌は当管区を特徴づけている。オビ川の氾濫域には野菜や穀

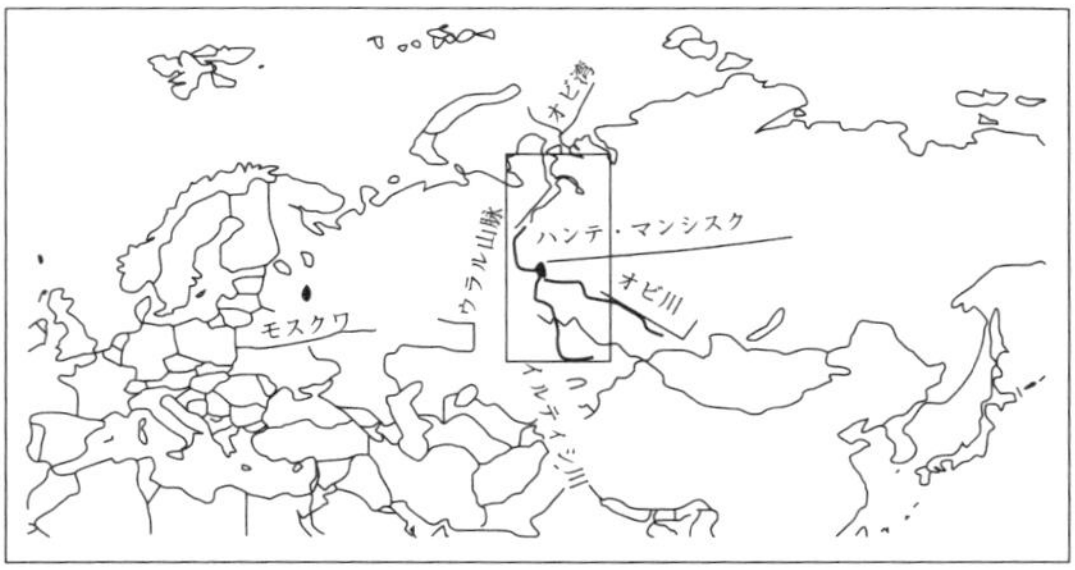

図13　ロシア全図と採訪地域

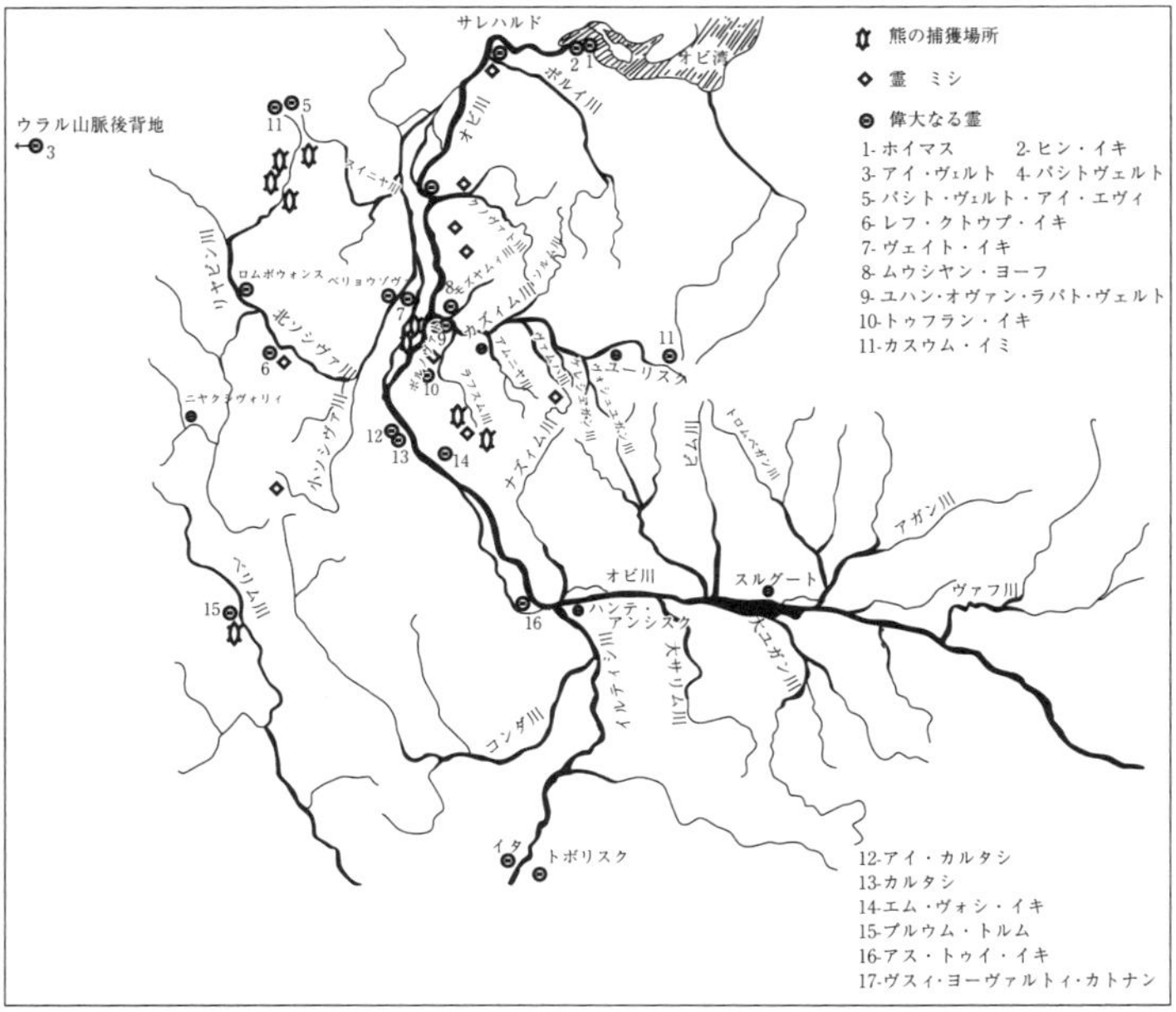

図14　オビ川、イルティシ川流域拡大図（熊の捕獲場所、霊の所在地も）

図15　エカテリンブルグ駅の看板（西側はヨーロッパ、東側はアジアと表記）

物栽培に適した沖積土壌がある。氾濫河川の牧草地には牧畜業に資する飼料が沢山存在している。当地域全体で一五〇万ヘクタール以上である。

ウラル山脈を越えてその東側（つまり西シベリア）は、右の説明に記された通り、気候の上でその西側とは峻別されているが、文化的にも、ウラルの西側がいわゆるヨーロッパであるのに対して、その東側はいわゆるアジアである（図13・14）。そのことを示しているのが有名なエカテリンブルグ（ウラル山脈の南部に位置している都市）の鉄道の駅舎の看板表示である（図15）。右側（東）はアジア、左側（西）にはヨーロッパと表記されている。また空から見たウラル山脈の姿も左に紹介しておく（図16）。

（3）野生の魅力

また一九九八年一二月、カズィム川上流のシュンユガンの雪原でハンテ人の熊祭りを見学した折りに、我々日本人一行三名は全員キスィというトナカイの革製のロングブーツ（腰の辺まである長いもの）を履かされた（図2参照）。それは脚にピッタリと吸いつくぐらいの細長いしろものだったので、その着用、脱着には時間がかかり、ハンテのご婦人に手助けをしてもらわねばならなかった。しかし、着用してみるととても暖かく快適で、雪原の上（外）でも屋内（ユルタとか猟師小屋の中[7]）でも、どこでも自由にこのスタイルで行動出来た。東京で高い金を出して購入したものを現地まで履いて行ったものの、滞在中は全く不用だった。つまり、零下五〇度にまで気温が降下する当地の履き物として最適のものはキスィの方だった。東京で入手したものは、最先端技術を駆使したものではあるが、せい

図16　眼下に霞むウラル山脈

ぜい零下四〇度まで耐えられるものしか作れないのだと、店員が説明していたのを憶い出し、ハンテ人の技術には驚いた。もっともそれは当地の自然環境の中で、居住民が必要に迫られて作り出したものだと思う。また、チモフェイ・モルダノフがある時、自分は冬の雪原でトナカイの橇《そり》に乗って何百キロも移動することがあるが、その折り、時には居眠りしたまま橇を御すこともあるが、間違いなく目的地には着いていると言った。我々にはよく解からないが、何か星座でも頼りにして移動するのではないかと推察している。彼も先住民の一人であって、このように時々オヤッと思わせるようなところを見せる。これもシベリア特有の自然環境の中で形成された人々の性格ではないかと思う。このような先住民たちの生活振りに、惚れ込んだ人の文章がある。今から一一〇年ほど前に発表されたもの(8)を、ここに紹介しよう。

今日もなお好奇に満ちた野生的な所。目の前には貧相だが親しみのあるユルタとほほえみながら、人なつっこく、会釈してくれたはにかみ屋さん（野生人）たち。彼等は愛想よく〝пайся〟と言って私に会ってくれ、また全員で、人なつっこく、好奇の目で、愛想のよい声で〝и ос емас улум〟と言って見送ってくれた。私はあなたたちの丸太作りの、樅の枝で隠された古いユルタに魅せられて何度となくその前で立ちどまった。何度となく私は、あなたたちの踏みしめた小径、森の藪へと通じて行く所に陶酔し、やって来た。…魅惑的な野生の地。そこは一歩ごとに新鮮で、全ての歩みが私にとって真新しく知らない所だが、我々にとっては、遠い過去においても現代においても、興味深い生活であることを物語ってくれる所。ここをながめていると、開放的で、善良な野生人の魂とその未熟さ、その明日が怖くなって来る…

先住民族ヴォグルの人達の笑顔、ささやき声、そして彼等の住まいのユルタとそこに通ずる小径に魅せられているこの筆者は、まるで恋人にでも接するかのように、ヴォグルの野性味の虜となっている。神経細やかに自分の気持ちを歌いあげていたのだ。

なお右にハンテ人の住居のユルタについて言及したが、彼らの定住地の住宅の付近には納屋が建っていて、それは高床式である（図17）。

3　シベリア、オビ川流域のハンテ人、マンシ人の来歴

(1)　ハンテ人、マンシ人の出自について

筆者が一九九七年に、芸術創造館のハンテ・マンシスク分館だったか、オビ・ウゴール民族復興学術研究所だったのか記憶が定かではないが、そこを訪問した際に提供を受けた『ユグラ―93』（ЮГРА―93）という名称の、一九九三年にハンテ・マンシスク市で開催された

図17　ハンテ人の高床式の倉庫（ナズィム川上流のクィシ村にて）

フィン・ウゴール民族フェスティバルの折りに、記念誌としてСтерыという雑誌出版社から刊行された資料集が手元にある。それを開いてみると、冒頭に「ハンテ人、マンシ人は何者なのか？」という表題の文章が載せてある。[9] これは両民族の来歴は謎の部分が多いことを示している。まず先に引用した自治管区のパンフレットからこのことに関わる記述を紹介する。[10]

ハンテ・マンシスク自治管区の歴史的な古称は〝ウグラ〟(Ugra) と言われるが、その意味は、〝ウグ〟が水のことであり、〝ラ〟が人々ということを指している。

古い時代にウグラとサモイェードの人々は、南から攻撃して来た遊牧民族によってシベリア北部へと追いやられた。ある民族はウラル山脈の北の方に住みつき、ある民族はオビ川に沿って低地を遡った。結果として、新興のサモイェードの人々と極地ツンドラの先住民との出会いによってネネツ人が生まれ、新興のサモイェードの人々と極地のタイガの古くからの人々そしてウグラ民族からセリクブ人が生まれた。後者はオビ川中流域で遊牧生活を行った。後にウゴール民族はハンテ人（オスチャク Остяк）とマンシ人（ヴォグル Вогул）とに分かれた。これらの二つの人々は文化的に多くの共通点を有しているが、同部族ではあるが異る言葉を持ち、自己認識の仕方が異なっている。考古学者の意見ではハンテ人とマンシ人は基盤の上では類似しているが異る文化を持っている。マンシ人はウラル山脈の近辺かその山麓沿い、オビ川の左側の支流、すなわちコンダ川、北ソシヴァ川沿いに居住している。ハンテ人はオビ川とナズィム川の渓谷域から河口とその支流域、すなわちヴァフ川、カズィム川、アガン川、ユガン川とイルティシ川の低地の方に居住している。

この説明では、ウゴール民族が南方からの遊牧民族の襲来によって追われて、ウラル山脈の北方、あるいは山脈を越えてオビ川方面へと移動し、その辺りでハンテ人とマンシ人の二つに分かれたのだという。ところで彼等は、言語的に東ヨーロッパのハンガリーのマジャール語とともに同系のウゴール語派を構成している。つまりウラル山脈の西側の地における彼等の遍歴の歩みも語られねばならないということだ。先述の『ユグラ―93』にこの辺のことに言及したタティシェフ・ヴァシーリー・ニキテチ（*Татищев Василий Никитич*）（一六八六―一七五〇）の記した引用文[11]が掲載されているので、以下に紹介する。

　オスチャクは自らについて次のように語っている。彼等は以前フィンランドあるいはラップランドに居住していたと言われているようなのだが。……なぜなら彼等の言葉がフィン語と同じだからなのであろう。彼等は湖沼の多いどんな地も**сувома**とか**сумовись**と名付けているからだ。多分彼等は以前ヴォルガ川辺りに住んでおり、タタールからかあるいはその以前にスラヴィヤノルスからこれらの場所へ追われて、彼等と民族性や言語が同一のヴォタまたはヴォチャーク[12]とビヤルマあるいはペルミヤク[13]になったようであり、ロシア人の襲来によっても細分化されずに居住していた。オスチャクはシベリアのサルマト人[14]系の民族の中で最も主要な存在であり人口が最も多く、彼等はどんな権力にも属していなかったために、カレリア人、フィン人と今日まで言語の上で類

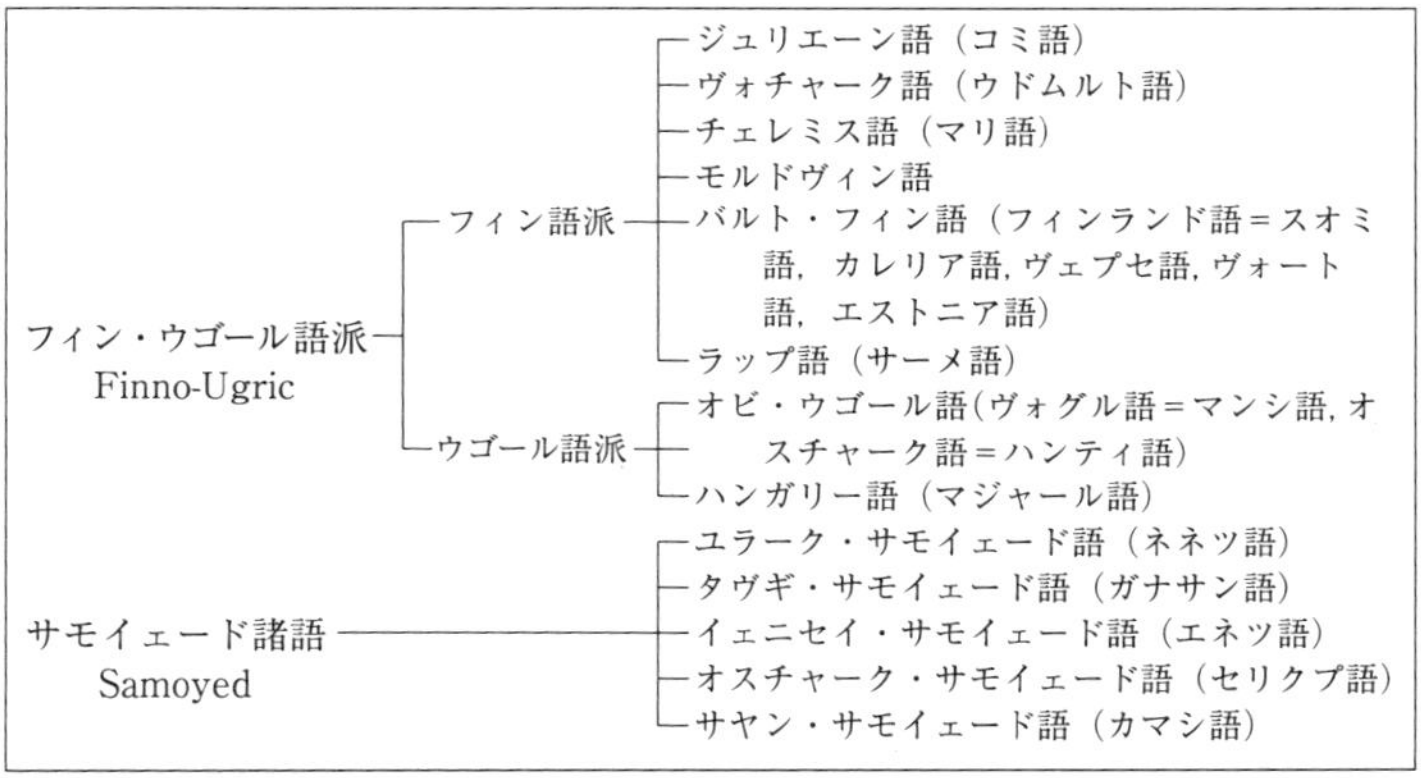

図18　ウラル語族の諸言語

似性を共有している（註（12）（13）（14）は訳者が付したもの）。（以下略）

つまりオスチャク（ハンテ人）は、フィンランドなどの北欧や、またヴォルガ辺に住んでいた可能性があり、また紀元前に黒海、アゾフ海、ヴォルガ沿岸方面に住んでいたイラン系遊牧民族のサルマト人の血も引いているとのことだ。ところで、ハンテ人、マンシ人の来歴の問題は、このように北欧、東欧、ロシア域等の諸民族の広がりの中で検討されて来たわけだが、周知のように、これについては言語学的研究が先行しており、ウラル語族という総称のもとでその言語系統図がすでに作成されているので、参考までにそれをここに引用させていただく[15]（図18）。この図でのフィン・ウゴール語派のウゴール語派のところに、当該オビ川流域原住民は位置付けられている。

さらにハンテ人、マンシ人の来歴については、紀元前などの昔のこととしても遡り言及されている。先述の「ハンテ人、マンシ人は何者なのか？」の筆者のユヴァン・シェスタロフは、シュメール人や、ギリシャ辺にいたとされるアンテ人と関わる伝承について言及しているが、そのうちの楔形文字のシュメール人との関わりについて、二ケ所で次のように記している。[16]

チグリス・ユーフラテス川流域のシュメール人が崇めていた神を、オビ川流域のマンシ、ハンテ、セリクブの人たちが今なお崇拝しているなんて、多くのヨーロッパ人は懐疑的な驚きを示す。

楔形文字（一八世紀に発見され解読されたばかりの）のテキストにある、シュメール人の宇宙発生についての観念は、今もマンシの神話の中に生きている。

（2）毛皮の豊富なロマンの地への進出

前（1）ではハンテ人、マンシ人の出自を追いかけ、ロシアの地から北欧、東欧へ、さらには紀元前のシュメール人へと時代を遡って、これに関する従来の研究成果の資料の一端を紹介した。ここでは、ハンテ人、マンシ人の現在の居住地、ウラル山脈の東側のオビ川流域のユグラの地の一一世紀から近い頃に至るまでの来歴を述べる。その主たることは、ノヴゴロド人やモスクワ大公国、ロシア帝国といった、ウラル山脈の西側の商人や政治権力者たちの、毛皮等の豊富な資源を求めての東遷の歩みであった。前述の自治管区のパンフレットから関係箇所[17]を、世紀別に（もっとも原資料には世紀別の記載はないもので、○○世紀の表記は筆者の付け加え）紹介する。

一一世紀

最初にシベリアにやって来たのはノヴゴルド人である。彼等のウゴールの地（オビ川下流左岸一帯と言われている）への探検隊の来訪が、一〇九六年の年代記に記されている。それ以来進取の気風に富んだノヴゴロド商人や沿岸部在住の商人たちがオビ川とタス川の低地帯にやって来た。

一二世紀

一二世紀にチュルク系の民族がシベリアに現れ、後に彼等からシベリア・タタール人が興った。ハンテ人、マンシ人、タタール遊牧民がオビ川、イルティシ川の広大な地域に優先的に居住していた。

一六世紀

一六世紀に、ロシアの探検家たちはウゴールハリシスカヤ・バイダルック湾、オビ湾やマンゴフスカヤ海経由の海路を開いた。クロテン、銀ギツネ、ビーバーその他の動物の毛皮を求めてロシア人は、〝石（ウラル山脈）〟の背後から柔らかな〝木材（毛皮）〟の包蔵地へと移動して行った。ウゴールの地は有名なエルマークの探検の後にモスクワ大公国に併合されることとなった。すなわちエルマークは、一五八二年の春にタタールのクチュム・ハーンをうち破り、イルティシ川に沿ってオスチャクやコンダ・ヴォグル人たちの住む北へと向かって航行し、王子のデミアンとサマールたちはその後オビ川にやって来て、オビ川の岸辺にモスクワ大公国の境界標を立てた。一五九二年にフョードル皇帝は〝偉大なるオビ川〟の地の最終的な開発のためにニキタ・トラカニヤトフ指揮官を派遣した。一五九三年にはベリョーゾヴァの町が建設され、一五九四年にスルグトの基礎が固められた。

一七世紀

ロシア人とこの地の先住民との間の交易の場所として、オビ川の北部に小さな町が出現した。その取引きの繁華な所には、馬を交換するための特別な宿駅が設けられ、それらは〝ヤム〟と呼ばれた。一六三七年には、イルティシ川の下流域のデミヤンスクとサマロフスクの二箇所に駅逓が置かれた。

一八世紀

一八世紀にサマロフスクのヤムの人口が増え、大きな集落サマロフが形成された（ここはオスチャク・ヴォグルと名付けられ、それが今日のハンテ・マンシスクである）。そこがサマロフスカヤ・ボロスト（小農村区）の中心地となった。

新政治体制が確立され、自然資源が最も豊富に存在するシベリアは、そこでの経済発展のために、一七〇八年にピョートル一世の布告によって、トボリスクを中心とした大きな州に再編された。しかし広大な領地を統治することの困難さから、一七一九年に五つの州に分割され、サマロフスク州がそのひとつとなった。

一九世紀

一九世紀の政府機構は定期的に再編され、サマロフスク州はベレゴフスク管区となった。

二〇世紀以降

一九三〇年一〇月一〇日付けの中央執行委員会布告によって、サマロフスクを中心地としたウラル地域のオスチャク・ヴォグル国家自治管区となった。

（中略）

第二次大戦後の自治管区の歴史は、国家の主要な燃料、エネルギー・コンビナート開発地としての歩みと言える。

一九五三年九月二一日、地質掘削調査において、巨大な噴出油井が突然発見されたが、これが今日当自治管区の生活と国全体の経済を変えることになったのである。

一九六四年五月二三日、シャイムカ・グループ（現在のウライ地域）テレコゼルナ鉱床から、石油がタンカーに積み込まれ、初めて加工用としてオムスク石油加工プラントに送られた。

一九七七年、ハンテ・マンシスク国家管区は州所属の自治管区となった。

二　日本列島から見た熊祭りの歌と踊り

（一）熊の歌

図19の写真はハンテ人の熊《くま》祭りにおいて、殺害され祭壇に据え置かれた熊の頭部である。

図19　祭壇上の熊頭

ただし一九九八年一二月に我々が採訪した熊祭りの熊はこんなにきれいなものではなく、またこんなに可愛いらしい姿ではなかった（他日、ハンテ・マンシスク郷土博物館に展示してあったものを撮影した）。すっきりしているが本物の姿には近い。ところでこの熊は、森で捕獲殺害され、解体されて後、赤ん坊扱いされている。祭りが行われる当家の主人（猟師）が赤ん坊の父親、奥さんが母親となって見守っているという。人々のこの赤ん坊の可愛がりぶりは次の次第に現れている。

熊祭りの期間中毎朝、「熊を目覚めさせる歌」が歌いかけられる。〝ウサギやキツネ、カラマツなどはもうとっくにはしゃぎまわっているというのに、お前だけどうしてねむりこけているのだ！　早く起きなさい！〟とうながす。またその日の行事の終わりには「夕べのお休みの歌」を歌い熊を寝付かせる。

実はこの熊は祭られる対象であると同時に、パフォーマンスを演ずる主体でもあるのだ。「熊の歌」はその演技内容である。祭壇上の熊頭自身は演じ得ないので、替わりに人間が演ずる（図20）。熊の祭壇の前で五人とか七人の者が互いに小指を絡めあい、両手を前後に振りながら、熊になり替わって熊の生涯譚を語る。一九九八年の熊祭りではこの種の「熊の歌」が一四種歌われた。森とか川べりなどで猟師に発見され、殺害解体され、ただ今祭壇に鎮座しているが、生れてからここに至るまでの生涯の一部始終が叙述される。夏には虻や蚊

図20　熊の歌を語る人々

に悩まされ、秋になって野イチゴやコケモモ、クルミなどの美味を貪って贅肉を蓄え、冬には巣穴に籠《こも》って冬眠をする。こういった年月を何年間かを繰り返し、とある年に猟師に見つかって殺害された。

この折りハンテの一婦人が涙を流してこれを聞いていた。可愛らしかった子熊が殺害されるという大惨事に至ってしまったそのストーリー展開が涙を誘ったのではなかったかと推察する。その一つの熊の歌「ペリムの神の歌」では次のように語られている。ペリムの神の懐の中で寵愛されていた金の糸玉が、神が眠りに陥ってる間に子熊と化し、川の上流を遡《さかのぼ》る。それが一歳を過ぎ、三歳を過ぎとしている間に、熊は獰猛《どうもう》な図体の大きい獣に成長し、人間の納屋を襲い、トナカイの群れを襲いと人々に危害を加えるようになり、はてはペリムの神に歯向かうようにまでになる。そんな折に猟師に見つかり殺害されるはめとなった。珠玉のごとくに可愛いがられていた小熊が遭遇したこの悲劇、生き物の獣の不条理な存在が語られており、確かに涙を禁じ得ないなり行きだったかと思う。

目の前に鎮座している熊の頭は非業の死への道を歩んだ自らの生（過去）を今思い出しているところのようである。ここで筆者は、里人として忽然と現れる非業の死をとげた武将、あるいは屈辱を味わわされた貴族のヒロインなどの霊魂が、辛酸をなめた過去を語り出し、その過去にたちかえって葛藤・苦悩を演じて見せる、こういった日本の中世の能（夢幻能）のストーリー構造との近づきを覚える（もっとも熊の頭は人の霊魂ではないが）。

パフォーマンスの演じ手である祭壇上の熊頭は、また熊祭りの他の演目の見物客でもあった。次回以降に言及する、熊祭りの場に参集して来るモノ（者）たちの歌や踊りは彼の鑑賞対象である。つまり、地域の諸精霊、神霊たちが熊頭の前に到来し、豊猟、豊漁を祈って踊りを披露したり、熊祭りに笑いの袋を担ぎ来った芸人たちが人々を抱腹絶頭の境地に誘う仮面の寸劇を見せる。子熊には、これら全てを見せてやるのが熊祭りだと言い、その全てが終わると、熊は死に、埋葬されるのだとチモフェイ・モルダノフは記していた。

（二）精霊、神霊の演目

ところで祭られる熊のもとへ馳せ参じて来て歌や踊りを演じて見せる存在には二種類ある。一つは今回紹介する森や川、湖などの地域の精霊と、天界の創世神と縁戚関係にあるという高霊位の神霊、こういった目に見えない存在である。二つ目は、熊祭りを執り行っている家に来訪して来る人間界の芸人による滑稽寸劇（仮面）である。

日本でのこの世ならざる存在の歌や踊りといえば、前回にも言及した中世発祥の能（夢幻能など）の半分くらいがその種のものだ。ハンテ人の熊祭りではこの種の歌・踊りが三十余種あった。それらの演じ手はいずれもショールや帽子、スカーフなどで頭部を覆い、杖をつき遠方から到来した態である。図21の写真は某河川からやってきた精霊であるが、熊の祭壇の前にやって来ると、自らの所在地や、如何なる筋合いのモノであるか、何をしているモノであるかといったいわば氏、素性をまず歌い語り、カラスから当該熊祭りの情報を得てやって来たと来意を告げ、黒テンとかチョウザメなど故郷からの土産物を熊頭の膝元に供える。そして豊漁、豊猟や居住民の安寧を期して旋回の踊りを見せる。終わるとその場を立ち去る。単純なストーリーではあるものの、対句や同義語を連ね繰り返す韻文調の歌であり、古朴な

図21　精霊の演目

歴史の重みを感じさせる。たとえばその一節。

〽私は川の魚をたっぷり（もたらす）
小さな女神なのだから
私の水の魚をたっぷり　私の森の獣にたっぷり
たっぷり（あなたがたに）置いて行くために私は入って来たのです

一方、神霊的な存在の方は次のよう。例えば、矢尻をこすり合わせながら魚卵や獣を生み出している神霊（ホイマス）が居る（図22）。またその威力が強く、白馬に乗り高所から地上界の安寧を所管しているアストゥイキは登場後の踊りでは片手だけで所作する。というのも両手だと周囲の物を壊してしまうからだという。この種存在の登場演目は七種あって、いずれも前座として、祈り手（ポヤクトィアル）がまず出て来て主役の神霊を呼び出す。すると猟師小屋の玄関がサーッと開かれ、零下四、五〇度の寒風が部屋に舞い込む。くだんの神霊が現れ、つかつかと熊頭のもとに近づくが、ここで日本の知識が筆者の頭をよぎった。玄関からの通路は能舞台の橋掛かりみたいなもので、この祈り手は能のワキ役に似ている。

図22　神霊の演目

日本はアニミズム（八百万の神）の国などとよく言われるが、ハンテ人の世界はそういった精霊信仰がもっと普遍的に広がっているようだ。右に見た精霊、神霊の演目などはその証拠だろう。チモフェイ・モルダノフは彼岸の諸種の存在を含めたハンテ人世界の宇宙曼陀羅《まんだら》を描いているが、その説明からすると事柄はそう簡単ではない面もある。円で表現された図の最上段の円弧には天界の創世神（ヌミ・トルム）が位置している。その下の円弧には前述のアストゥイキと、それに連なっている諸神霊、さらにその下に地域の諸精霊や守護霊がつらなって描かれている。最下層の円弧が人間、トナカイ、テント（家）、樹木が存在する地上世界だ。このパンテオンに天上界、地上界という垂直的宇宙観が一面では働いて作成されているものだ（第一章の図1参照）。

他方、大地にはカルタッシと称する地母神がいて、この大女神が、右に記したアストゥイキほかの神霊たちの祖母神であり、この女神が彼らを地上に配置したのだという。ここにモルダノフは水平的宇宙観も働いていると見なしている。垂直的宇宙観と水平的宇宙観とがハンテ人の世界観には混在しているのだと結論している。天上界の神とか神霊という彼岸世界の概念が用いられている一方で、なおアニミズム的発想も存存しているという見方と言えよう。

もっとも、彼の奥さんのタチアーナの論文によれば、中世の頃ペリム侯国がオビ川流域を統治し、キリスト教的神霊観が浸透し出したのだという（第六章参照）。

（三）滑稽寸劇

筆者が西シベリアの地を訪問するきっかけとなった滑稽寸劇（白樺の樹皮の仮面をかけての演目）は、我が国中世の狂言にも通ずる笑いの寸劇である。熊祭りの場に来訪したウラル山脈西側のコミ人が、笑いの袋を担いで来て演じるのだとの自己紹介がある。

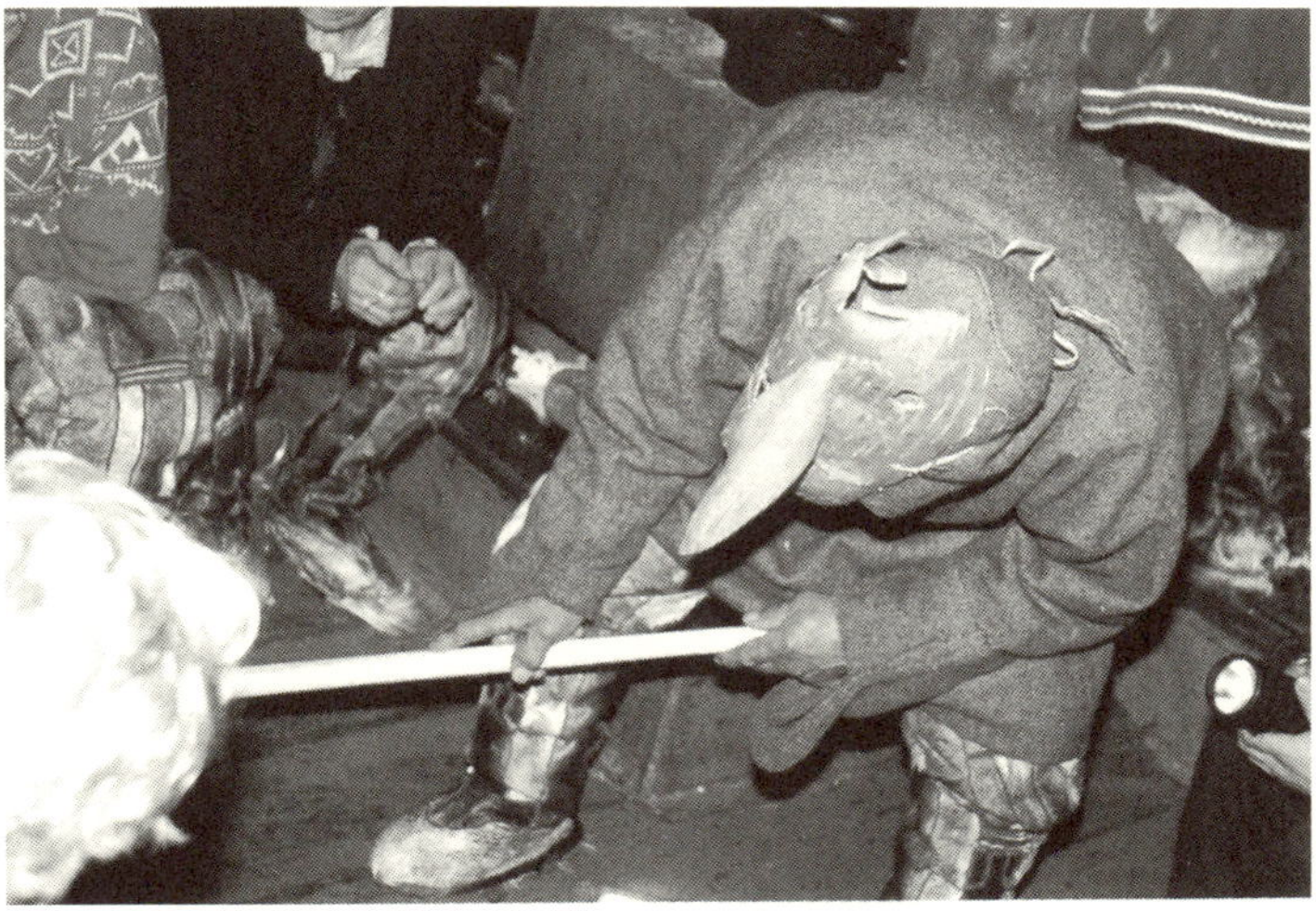

図23　白樺の樹皮製の仮面をかけての寸劇「ハツカネズミ」

猟師や漁師、シャーマンなどの生業《なりわい》に関わる話があり、エロチックな話がありとこの世の居住民の日常生活の諸般がコミカルに風刺的に演じられ、概して分かりやすい。たとえば「ハツカネズミ」では、腕力の強さを自慢する者が熊祭りの家に入って来て、祭壇の熊頭の前でおびえている家の中の者たちの様子を見て、自分には何も怖いものはないんだ、ここへ来る道々オオジカやアナグマを捕まえて樹木に叩きつけて来たと自分の腕前を自慢する。ところが足元に這うハツカネズミに気付いたとたん彼はほうほうの体で逃げ出す（図23）。

また、「猟師たちと祖母」では、二人の孫が森で熊を仕留めたが、その解体方法や祭りの仕方（「熊の歌」の演じ方）などを知らず、高齢の祖母の助けを仰ぐ。熊頭に面して、互いに小指を絡めて熊の歌を歌わねばならぬのだが、無知な孫たちは反対向きで歌った。老いて目が見えない祖母もまた孫たちにならってしまい、結局三人とも後ろ向きになって歌ってしまったというおろかな話である。さらに「親戚の者が来た」では、とある夫婦の家に親戚の者がやって来たので、夫は妻に納屋へ行ってご馳走《ちそう》のための肉を取ってくるように命ずるが、なぜか妻は行かぬ。仕方なく夫が納屋へ行ってもどって来てみると部屋の中は真っ暗で、手探りしてみると、妻と親戚の者とが抱擁しあっていた。

右のように万国共通の顎を解く話の数々だが、中には世界の前衛劇にも劣らぬような凄いブラックユーモアもある。「息子を葬る」という題のもの。年老いた夫婦が息子の死体を橇《そり》に載せて三本松の丘の上の墓地まで運んで行くが、年老いた二人は力がなく難儀な仕事である。まず死体の股を切り捨てて軽くするがまだ重い。そこで死体の臀部を切り落として引っ張り上げるがまだ重い。死体の頭部までを切り落してしまう。最後には埋葬すべき亡骸が何もなくなってしまったという話だ。

滑稽話から外れた感じの、仮面をかけての魔物が登場する寸劇もある。その魔物はメンクと称され、モルダノフは滑稽寸劇にまで展開する前段階の演目だろうとみなしている。メンクは森（タイガ）に居るとされる擬人化されない、自然のエコロジーみたいな存在だという。

巨大なモノで、一九九八年の熊祭りの際に、二人の祭りの司会役が、互いに高く跳び上がり、天上の梁に手の墨を擦り付けるという、一種の競技（遊び）を行った。実は、これから登場して来るメンクがこの家に入れるかどうかを確かめていたのだという。この存在は森（自然）の摂理を犯すものを厳しく処罰するのだという。かつてナズィム川を航行した時、川沿いに延々と続く森の樹々がこすれあうような音を耳にしたが、この種のメンクが存在するというのも道理かなと思う。「嫁とその夫の兄弟」と題するメンクの演目がある。橇を引いている猟師の背後から、猟師の兄弟の嫁に扮した森の女神が現れ、橇の後部に載せてくれ、自分を妻にしてくれなどとせがむが、猟師は何かと理由をつけて取り合わない。すると女は、「もし雪や大地を必要とするなら雪を溶かしてやろう、大地におまえを覆い尽くしてしまおう」と言って彼と彼の一族を詛《のろ》う。モルダノフの解説によれば、女神からこのように罰せられる時は、熊祭りではいつも男の方に何かわけがあり、一方、女神の振る舞いも予見の出来ないものだという。生存に関わる何か深い謎が秘められているようだ。

（四）熊と訪れ神

前回紹介した滑稽寸劇がウラル山脈西側のコミ自治共和国方面からやって来たコミ人の芸

人によって演じられるとの説明があったので、後年コミを訪れて聞き合わせて見たが、ハンテ人のような熊祭りは今は行われていなかった。

ところが、ここにロシア人（スラヴ人）の仮面仮装の訪れ神（リャジヌイ）の絵図を掲載するが（第二章図14参照）、これに似たモノがコミでも年始めに出現しているとのこと。掲載した仮面のモノは一二月に行われる狼祭りのものといい、日本の秋田県のナマハゲなどの訪れ神の面相に似ている。実はこの種の異形の態の存在は、近年北欧から東欧あたりの類似伝承に関する写真集が日本で出版され、目にすることが出来る。ヨーロッパ方面の民俗としてこれらの伝承はかなり広域に分布している。また筆者自ら、中国の西南域の少数民族の地で同種伝承を現地採訪をしている（第二章五参照）。これら訪れ神の共通点は、出現の時期が暮れから年頭、初春等であること、異形異相の態で杖をついて来訪すること、居住民に悪態をつくこと、農耕の豊穣を予祝することなどである（図24）。これらは温暖な農耕民地帯の祭りの主体となるものであって、住民が狩猟、漁労採集を生業《なりわい》とする亜寒帯北極圏域の熊祭りのそれとは異なっている。この両者、どこが違っているのか？　何よりも祭りの主体が動物であるかどうかが異なっている。

歌や踊りの所謂〝芸能史研究〟の基いを開き、卓抜な見解を披歴したかの折口信夫は、祭りの場に訪れ神が伴神とともに来訪し、人々とともに歌や踊りの交歓をしたのにそれが始ま

図24　ブルガリアの春祭りに現れた訪れ神（クケリ）の牛の演技

ると説明していた（「日本芸能史六講」）。この訪れ神はアカマタ・クロマタ、マユンガナシィといった沖縄の伝承がそれに措定され、常世《とこよ》の国からの存在と説明された。右に述べたヨーロッパからアジア域にかけて広く分布する訪れ神はこれに相当するものだろう。

ところで、金田一京介はアイヌの熊祭りにもそれと同様のことが言えるだろうと記していた。

「熊祭りの御馳走《ちそう》を珍客振舞《マラブトイベ》といひ、マラブトは邦語稀人《まらうど》即ちまらうどの古形の変じた語で、獲られた熊は、訪れ神であるといふ考えからの名である」（『アイヌ叙事詩　ユーカラ』）。

つまり熊祭りの熊をまれびと（訪れ

神）であろうと推定している見解だが、熊祭りと異形異相の態の訪れ神の祭りとの異同を考察する上では看過できないものは思う。熊祭りではまず動物を殺し、その動物が霊と化して行く。その過程で歌や踊りが演ぜられる。ところが、最初から神霊が訪れて来て、演目が演ぜられるのが後者だ。要は前者には動物自体の演目（熊の歌）があるのに、後者にはそれが無い。この動物自体の演技は、人類が狩猟採集を生業としていた折りに端を発していたものではなかったか。農耕の豊穣や居住民の安寧などを願う後者の場合とは違って、祀られる動物自らが自分の生死を語り、人間側への動物のある種の健気さが表明されている。アイヌのカムイユカㇽに、ハンテの「熊の歌」に相当する熊の述懐話があり、それには左のように描写されている。

「うつらうつら眠りて　ふと眼覚むれば　かくありけり、一本の立樹の枝の上に　手をだらりと下げ　脚をぶらりと下げて　我ありたり」（「山岳を領《うしは》く神（熊）の自叙[18]」）

殺害され解体された熊が、自らの手脚が樹にだらりとさげられている様子を述べているが、肉体が破壊されたことへの苦痛や人間への恨みごとは一切発せられず、まるで生死を達観しているかの如くに描かれている。こういった獣の健気さは、『万葉集』巻十六所載の乞食者の詠、鹿の歌にも、耳、目、爪、毛、皮、肉、肝などの肉体の各部が大君の御用に健気に供されることが叙されていて[19]、相似た来歴を持つものではなかったかと推察している。

（五）温暖地帯の歌と踊りとの比較

前回から、西シベリアの寒冷な狩猟漁撈地帯の熊祭りの歌と踊りと温暖な農耕地帯のそれとを比べて論じている。

今回は、西欧から東亜にかけて広く分布する温暖地帯の牛にまつわる演技とアジア域に広がる獅子舞とを事例として述べてみたい。

まず牛の演技について。牛は機械が導入されるまで農作業の主役であった。牛の供犠《くぎ》に関わるこの種の古代の事例が洋の東西で報告されている。古代ギリシャの春祭りに「牛追い」という、牡牛が殺害された後、その皮に藁を詰めて立たされた牛が耕作しているかのように犂《すき》につながれるという儀礼があったと、J・E・ハリソンは記していた。また古代中国に、立春の頃、土牛《どぎゅう》を打ち叩いて豊作を願う「打春」と称する行事があったとW・エバーハルトは記していた。

近年まで中国の広西壮族自治区のの白褲《バイク》ヤオ族の葬儀の折りに、水牛を殺害し、その直前に牛の背後に馬鍬《まんが》を付けて耕作のまねをして見せる。折口信夫が、日本の田遊びの牛は田の神への供犠だと記していたが、（「田遊び祭りの概念[20]」）あるいはこの記述は、右の大陸方面

図25　田遊びの「牛」の演技（東京都板橋区徳丸北野神社）

の事例に連なるものかもしれない。

右に例示したような牛の演技と、環極北圏の熊祭りのそれとはどう違っているのであろうか。両者、動物を殺害する儀礼という点で同じではあるものの、熊は祀《まつ》られる主体であるのに対し、牛は祀られる主体へのお供えものである。また、牛の儀礼目的は豊作祈願といった温帯域居住民のためのものである。他方熊祭りではそういったことは二の次で、獣が霊として無事昇華されて行くことに人々は集中する。牛の場合には、春先の農作業開始前に田遊び、御田などというそれが登場するパフォーマンスを執り行い、出来秋の豊穣を予《あらかじめ》祝う。例えば、四つん這いになった牛役の背に大鏡餅を載せ、牛がつぶれると豊作だと喜ぶ。また、牛の見事な角や蹄にあやかって悪霊悪疫の退散（招福）を呪《まじな》う（図25）。この才の次第に、具体性が見え憎いのであるが、牛供犠との関わりが折口によって推定されていたのである。それに対し熊祭りでは、熊が殺される際に、アイヌのカムイユカㇽでは「神さびる」と記され、ハンテ人の場合でも「神が靄のように霞んで見える」と表記さ

図26　一人立ちの獅子舞（三匹獅子）の「マクガリ」（新潟県村上市下鍛冶屋）

れていて（チモフェイ・モルダノフによるハンテ語からの露語訳）、両者ともに熊が霊への道を歩むことが示されている。歌や踊りはその過程を紡いでいるわけだ。もっとも熊祭りに馳せ参じて来た精霊などのそれは、この世の居住民の願いを体しているかのように、豊猟、豊漁を願って舞ってみせる。

　次に獅子舞について述べる。これは農耕地帯に分布してはいるものの、牛の場合ほど農耕との密接さは感じられない。こちらは、怪異な獅子頭《ししかしら》の面相から悪鬼追放目的で舞わされていることが多い。中国大陸から韓国、日本などユーラシア大陸の東亜域に広く分布し、さらにバリ島やネパールなどに近似する伝承もある。獅子は聖獣とみなされてはいるが、動物ではない。ところが、日本列島の伝承はやや趣を異にしている。小寺融吉などがかつて説明していたことは、もともと鹿や猪などの動物の舞（「シシマイ」）という日本固有の獅子舞が存在していたところへ、大陸方面から聖獣としての獅子舞が流入して来たというものであった。また柳田國男は、獅子頭への伊勢の殺伐な儀礼の事例を引き、そこに獅子舞の悠久の昔のことをあるいは探れるかもしれないと述べていた（「獅子舞考」）。筆者は近年その種の殺伐な儀礼に類すると思われる伝承事例の存在に気づいた。新潟県阿賀北地方の三匹獅子舞に、マクガリと称して、行事の終りの次第に、獅子頭と幕とを繋いでいた糸をチョン切る儀礼がある（図26）。山形、秋田、青森および岩手の東北地方の他の地の同種獅子舞においても、同様の次第が残存しているのだ。

あるいはひょっとして、殺伐な熊殺しの行われる熊祭りのような記憶が、東日本の獅子舞（鹿踊り、三匹獅子舞等）の地にも微《かすか》に留められているのかも知れない。少なくとも当域は、地理的に、熊祭りが伝承されている北海道やシベリア大陸からそう遠くはない所に位置している。

註

（1）Ханты
（2）Манси
（3）URA. RU 2015. 8. 19
（4）ハンテ・マンシスク自治管区発行資料 KHANTY-MANSIYSK AUTONOMOUS AREA
（5）THE KHANTY-MANSIYSK AUTONOMOUS OKRUG AT PRESENT 1998
（6）註5に同じ
（7）ЮРТА 中央アジア南シベリア遊牧民の移動住居。
（8）Посвящается Международному Фольклорному фестивалю Финно-угорских народов“ЮГРА-93”г. Ханты-Мансийск 八三頁：*К.Д.Носилов*,У вогулов ,М.,изд-во Суворина ,1904
（9）註8と同著　五―一六頁
（10）註5に同じ
（11）註8に同じ　七九頁
（12）ウドムルト人の旧称
（13）コミ人の旧称
（14）紀元前六―二世紀に黒海、アゾフ海、ヴォルガ沿岸方面に居住していたイラン系遊牧民
（15）『世界大百科事典』（平凡社　一九八一）第三巻　二九三頁
（16）註8に同著の九頁と一三頁
（17）註5に同じ
（18）久保寺逸彦編著『アイヌ叙事詩　神謡・聖伝の研究』（岩波書店、一九七七）六八頁
（19）『新潮日本古典集成萬葉集四』（新潮社、一九八二）二六八―二六九頁
（20）『折口信夫全集第三巻』（中央公論社、一九六六）三八七頁

第五章　農耕民と狩猟民の演技の違い

一　暴れ牛と神さびる熊

（一）はじめに

日本の初春の「御田植え祭り」とか「田遊び」などと称される行事（歌や踊り）の中で農耕牛が活躍する場面があり、中でも農夫の言うことに逆らったりして、牛が一種の狂態を見せる場面がある。本稿ではこれを〝暴れ牛〟と呼ぶことにしたい。この暴れ牛のパフォーマンスは中国をはじめ、大陸のより西の方の国でも類似伝承が確認され、ユーラシア大陸に広く分布している。そしてそれらの暴れ牛のパフォーマンスの背後には牛殺しがともなっていたと思われ、動物の殺害をともなう儀礼の歌や踊りのありかたの問題を考えさせる契機があるように思う。

紀元前七百年頃のギリシャの春の祭りのデイーテュラムボスにギリシャ彫刻や悲劇といっ

た芸術の起源を説いたJ・E・ハリソンの『古代芸術と祭式』(1)の中で、春の祭りの時に牡牛の祭場への登場と牛の殺害儀礼が行われ、牛の皮を剝いでそれに藁をつめて耕牛の模擬を演ずると書いてあり、しかもそれに類する生きた伝承として樺太のアイヌの熊殺しがあると書き添えられていた。筆者はこの二つの動物殺しには趣の異なったところがあり、必ずしも同じようには考えられないのではないかと思っているが、以下にそこのところを論じてみたい。

(二)ユーラシア域に広く分布する暴れ牛の態

鹿児島県の西部には太郎太郎祭りなどと称する豊穣予祝の春祭りが盛んであって、その中で暴れ牛の態が見物客を湧かしているとのこと。その一つの川内市の南方射勝神社の太郎太郎祭りではそれが次のように演じられているという(2)。

庭に出るとオンジョが鼻取、太郎が馬鍬をもって後取りをし、代かきをしようとすると、牛は暴れ出して逃げまわる。そこでオンジョではだめだとテチョが鼻取りを代わり、代かきをするが、やはり牛は暴れて逃げまわり、騒然としたうちに終わる。この牛捕り
——牛使いは、狂言としてよくできている。

この種の暴れ牛の次第は各地の田遊びに見られるものだと、新井恒易は記していたが[3]、その一つである奈良県磯城郡田原本町池神社の御田植式の場合を引用紹介しておこう[4]。

まず神職が鍬をとって神前に向かい、「ただ今から御田植を行います」と言い、鍬を三度振って鍬初めをする。ついで鍬や鋤を用いて水しかけ、畔つくりの所作をし、牛面をかぶった二人立ちの牛を白丁の一人が引き出し、犂および馬鍬をつけてそれぞれ庭を三周、荒起こしから代かきのまねをする。このときに見物衆が牛をめがけて盛んに砂を投げ、牛も大いに暴れる。牛がよく暴れるほど、当年は豊作だという。砂は降雨になぞらえたものだという。

この場合は牛が暴れるということよりも、牛苛めの色合いが強いようだ。ともあれ奈良県の伝承にはこのように牛が狂態を演ずる場合が多い。奈良市の春日大社の場合はまた、代掻きの演技の途中で、牛が暴れ出し、春日大社の巫女が扮している早乙女たちに襲いかかるので、見物人たちは、なんと色気づいた牛かとささやき合うという。

ところで、この種の暴れ牛の態は中国大陸でも行われている。中国南部の広西チワン族自治区では「舞春牛」とか「春唱牛舞」などと称する日本の田遊び等に類似した演技が盛んで、たとえば同区内の伝承に「螞拐節《マーグアイジエ》」（カエルまつり）があって、その行事次第の中に「舞春牛」の一部と思われる次第が組み込まれている(5)。

四人で演ずるもの。二人が牛に扮し、他の二人がそれぞれ水神面、神農面を掛け水神が犁を担いで牛の前方に、神農がその後方に位置して、二人はズボンの片方の裾を上にたくしあげ他の方は下げたままの姿で登場する。演技の途中で牛は遣い手の指図に逆らうので、遣い手はころびケガをする。何かと面白おかしいやりとりがあって、人々は大笑いする。しかし遣い手は勇を奮って田耕を進め、強情な牛もおとなしく田作業を続ける。その折りカエルの扮装をした者が何人か現れて牛の腹の下あたりを行き来し、興趣を盛り上げる。

さらにまた、貴州省の威寧イ族回族苗族自治州板底郷のツォトンジ（撮泰吉）においても似たような伝承が存在する。ここでも耕作中の牛が作業途中で止まって、暴れる様を見せる(6)。

四人は荒地を耕し、種子を植えることを山神に告げる。すると山神は、「牛がなくては農耕もはかどるまい」と、耕牛を入手することを勧め、かれらを案内する。そして二人の村人が扮して登場した牛に近寄り、その口の中をかわるがわる覗いて品定めをし、その良し悪しを確かめた上買い入れることにする。その間、怒った牛にフイブ（漢族の先祖に擬された老人）は襲いかかられ、驚いて尻もちをつくなどの滑稽な場面を展開する。つぎに入手した牛をマホモ（苗《ミャオ》族の先祖に擬された老人）がひき、アブモ（翁）が後から犂を押して荒地を耕す。アダモ（媼）とフイブは杖を鍬がわりにして、そのあとから土塊を叩きながらついていく。ところが間もなく、牛は立ち止まりその場にしゃがみ込んでしまう。四人は山神のもとに赴き、うかがいをたてる。そして教えられたとおり、塩水を与えると、牛の病気は癒え、再び動き出す。こうして耕作を終えると、つぎに草を焼き、その灰を散布し、蕎麦の種子を蒔く。ついで刈取って脱穀してそれを山積みにする。

実はこの種の、牛が農耕作業中に止まって倒れ込むといった態は、第四章の図24を参照してほしいが、先年現地取材したブルガリアの春の祭りで、その時撮影したビデオ記録を単念に見て行くと、クケリといわれる異形の態のモノたちが出現する行事の中でも行われていた。(7)いわゆる日本の研究者が呼称しているところの訪れ神の一種と思われるクケリたち一行がむらに現れ、豊穣予祝の牛耕の態を演じ出す。農民夫婦にリードされるかたちで、クケリたちは犂を挽いて土起こしを演じて見せ、穀物（麦と思われる）の種子を撒いたりするが、途中で犂を挽いている牛役となったクケリが突然地面に倒れ込んでしまう。やおらまた立ち上がり作業を続けるのであるが、上記に紹介した日本や中国の伝承と同じ態をするものだとびっくりした（もっともそこでは水田耕作ではなく畑の耕作なのだが）。

（三）角や足など牛の肉体の部位に掛ける除災招福の呪い詞

牛が農夫に反逆したり暴れ回ったりの態が、どうやらユーラシアの広域に分布しているらしい事例を右に見て来たが、それは一体どういうことを表しているのだろうか？　それに関連していると思われる牛の角とか足など牛の肉体の部位に呪《まじな》い詞を唱え掛ける事例に注目してみたい。まず日本の例で、静岡県榛原郡相良町蛭ケ谷の蛭児神社の田遊びでの場合である[8]。

右の角のおへ（生へ）よふハ、七珍万宝の御《み》宝を、是の御蔵へだき角。左の角のおへよふハ、此所に〱来るまじものハ、天下のふ浄、ないげなく、ちんじちうよふ、風水旱魃、悪しきなんぞを他方世界ゑのけづの（除け角）。右の足の踏（み）様は、七宝万宝の御たからを、是の御蔵へふみ入たり、左の足の踏様ハ、此ところに〳〵来まじきものハ、天下のふ浄、ないげなく、ちんじちうよふ、風水旱魃、悪（し）きなんぞを、他方世界へはじき退け足

要約すると、耕作牛の角と右、左の足に、七珍万宝の宝を招来し、天下の不浄、風水害、干魃などの悪しきものが除災されんことを呪い掛けての詞なのである。ここで思い合わされるのは、中央アジアのウズベキスタンでのこと。南部のアフガニスタン境のボイスンの町へ取材に行った時のことである。当地の牛耕の演技伝承の有無を採集していた折りに、牛の土起こしの歌が採集出来、その内容が右の日本の田遊びの場合によく似た文句が掛けられていたことに気づいた。(9)

牛の土起こし

これは春、最初の農耕儀礼で、まず昨秋取っておいた小麦の半分を種蒔き用に残し、残りの半分でパンを作り、出来上がったものを小さく切って、この儀礼の参加者全員に配る。その後集落の側の広い畑で二頭の牛に犂をつけて儀礼を行う。まず二人の美しい娘が油をもって来る。続いて白衣の老人がその油を牛の角に塗りつける。それのことを歌をうたいながら行う。

〽犂をあなたに付けます
チェホ　チュ　チュホ　チュ（ムチで牛を打つ）
角に油を塗ってやるぞ　チュホ　チュ　チュホ　チュ
もし一生懸命犂を曳いてくれるなら油を塗ってあげよう
（…中略…）
黒い牛よ　おとなしい牛よ
堅い土を起こした牛
一生懸命働いた牛よ
頭に角のある牛よ
　おまえには内曲がりの角がある
鏡のような眼をしている
おまえの生んだ子供は
オウムとヒヨ鳥みたい
チュホ　チュ　チュホ　チュ

白衣の老人がこのようにして犂を一押しした後、若者達が同様のことを行って終了する。丁度人間が鬢油をつけるように、牛の角に油を塗って飾り立て、牛を誉め称えながら犂耕の推進を計ろうとの歌意だ。

いずれにしても、耕作牛の肉体の部位に呪い詞を掛ける伝承が、日本だけでなく中央アジア方面にも存在しているらしいことを示す事例である。ところでこれは何を意味しているのだろうか？　動物（生き物）の肉体の部位が有する効能というか、猛々しい姿に、その背後にある何か霊的なものの有り難さにすがろうとしている人間側の気持ちが働いているということだろうか？　この牛は単なる動物ではなく、一種霊的なものとみなしているらしいのだ。

（四）暴れ牛の態の背後にある牛殺し

前項は霊的な牛に連なるようなその肉体の部位に関わるものだが、また異った趣意のものに次のような事例もある。沖縄県石垣島のユングトゥの歌の文句には、左のように、牛や馬の背に載せた収穫物があまりにも多すぎて牛馬の背中の皮が擦り剝げてしまっている（つまり豊作になったという意である）と述べているものがある。[10]

〽刈《か》りばん　刈りばん　刈らるぬ（刈っても刈っても　刈りおえない）
持《む》ちばん　持ちばん　持ちやぬるよ（持っても持っても　持てないよ）
馬《んま》の背《しー》の　ばきいるんけん（馬の背が剝げるまで）
牛《うしい》の　背《しー》の　ばきいるんけん（牛の背が剝げるまで）

何か牛や馬を嘖《さいな》んででもいるかの様相である。

また右のような、一種の牛苛めにも通ずるような伝承例に、田遊びの中で次のようなものがある。愛知県岡崎市の山中八幡宮のデンデンガッサリヤと称している行事の中の一次第である。[11]

中休みがすむと再び上歌・下歌をうたい、餅を用いて稲刈のまねをする。ついで一人が四つ這いになって牛となり、その背の上に大鏡餅をのせる。牛は這いだして追いまわされ、やがてどさりと倒れる。牛の背に負うた餅は稲などの表徴で、倒れることは豊年の兆しと見なされる。この餅は細かく切って参詣者に投げて与え、これを食うと無病息災になるという。田遊びの牛はほとんど代牛の態であるが、ここでは稲などを運ぶ牛の態となっている。

演ぜられる内容は、右に見た沖縄のユングトゥと同様の豊かな収穫物を牛の背に載せるもので、こちらは背の皮が剝げるのではなくて、重みに耐えかねて牛がゴロンと倒れ込むという表現になっている。これもまた豊穣の象徴的表現であり牛の肉体（挙動）を一種霊的なものとみなしている感覚にも見えなくもない。ただし前者の牛の背中の剝げよう、また後者の倒れ込む表現から、牛の肉体苛めの様子が前述の暴れ牛に比して徹底された姿のように見える。あるいは殺牛の喩えとも読めなくはないくらいだ。

ところで、右のようなパフォーマンスの背後に実際の牛殺しはあったと言えるのだろうか？　はじめから結論的なことを述べるが、折口信夫の「田遊び祭りの概念」の一文には次ぎのように、そのとおりであると叙していたように思う(12)。

此は、田の神——水の神と同じもの——の犠《ニヘ》なのだ。或は、田の神の為に働くものであつた。後には、実際に耕作の助けをしたので、行事にも、代かきに出る事になつてゐる。

最初から牛は神への捧げものであり、殺されるものであって、その牛が労働作業にも、ひいては行事パフォーマンスにまで登場しているのだという説明である。
ところで折口のこの説を裏づけてくれるような伝承が中国にはある。まずその一つが、W・エバーハルト・白鳥芳郎監訳『古代中国の地方文化』が記している、古文献に載っている「打牛」（あるいは「打春」）と呼ばれる立春の頃の行事である。土牛という牛の模型を作り、それを打ちたたいたり、割ったりして一年の豊作を乞い願う(13)。

中国高文化では、この儀礼の様々な意味が表されている。この儀礼は時折、打牛、ないし打春と呼ばれる。これは、春の到来を促すとされている儀礼である。ほぼ共通して、この儀礼は立春の日（我われの暦で二月五日）、またはその前日に行われる。前漢の文献だけが、この儀礼は晩冬に行われるとしている。…（中略）…その儀式は、いつも都市の外側で、役人の指揮によって行われた公式の行事であったと記述されている。粘土製の牛は、様々な色に塗られた。それは打ちこわされ、その破片から、翌年の農業に関する予言をした。人びとは牛の像を、すでに年の暮れに掲げる（漢代）。普通牛の像は、まず男性によって叩かれてから打ちこわされ、その際の破片は、耕地に豊饒をもたらす上で重要であった。

ここで描写された迎春の行事には、土製の牛の像の打ち壊しだけであるが、W・エバーハルトは、都市の高文化伝承地帯ではなく田園地帯には生きた牛殺しがあると考えていたようだ。まず宋代の例として、宋代の詩に、粘土製の牛は通りを牽かれた後で、「屠殺」され、農民達は角をもって退散すると書かれているが、これは生きた牛に対してすることと全く同じである。(14)

筆者は、一九八八年に、たまたま広西チワン族自治区の南寧市にある広西民族学院の研究者たちと研究交流している時に、このことに関わると思われるビデオ記録を見せてもらった。広西壮族自治区北部の貴州省境いの南丹県の山中に住むヤオ族（白いズボンを履いているので白褲ヤオと呼称されている）の秋の収穫後の葬送儀礼のものである。儀礼にむらびと一同が参集した場所において牛二頭が屠殺された。棒杭に縛り付けられた牛の首筋めがけて、死者のオジ（舅父）が大刀を振り下ろし、牛はガクッと肢を折りその場に倒れた。そして牛の軀体を解体して、村人一同がそれに駆け寄りその血を飲み後にまた肉を食したのだが、その直前の次第に、葬儀の弔い客が涙を流しながら牛を竹鞭で追う様を見せた。また馬鍬を背負つた者が現れて牛の背後にそれを取りつけて耕田のまねをしたのである。その意味は、死者があの世で食料豊富に安楽に暮して行けるようにとの願いがこめられているとの説明であった。この牛殺し伝承は中国の研究界でも注目されている事項のようで、『中華民族民間風俗辞典』には「舅砍牛」の名称で記載されている。次にそれを翻訳してみる。[15]

オジによる殺牛

ヤオ族の葬送習俗。貴州省と広西チワン族自治区との境界域に居住するヤオ族は、祖先崇拝の念が強く葬送儀礼を重んじている。老人が死ぬとオジが牛を殺して祀りに供える。姓氏ごとに水牛や黄牛を殺す。数名の若者が鞭で牛を追い立てて会場を二周し、牛を追いながら涙を流す。引き続き喪に服している者が頭を下げつつ馬鍬の刃を背負って登場し、牛の背後にそれを付けて耕田の様を見せる。また牛に青草を食まし、竹ヒゴの頸木を牛の首に掛け、荒縄で牛を棒杭に括りつける。突如大刀を担いだオジが現れて、牛がよそ見をしている隙に牛の首めがけて大刀を振り降ろす。周囲の者たちも牛に駆け寄り、刀で牛を解体する。牛の肉は煮沸された後、すべての家族が持ち寄った糯米によるごはんをそれに混ぜ入れ、芭蕉の葉でくるんだものを作り、周囲の人々に配る。見ている者は誰でもその分け前にあずかる。人々は包みを広げて牛の肉を見い出すと、軽く頭を下げて哀悼の意を表する。この種の習俗は母系社会に起源していて、今日は行われなくなった。

どうやら、暴れ牛とか、牛苛めなどといったパフォーマンスの背後にはこういった牛殺しがあったと思えるような二、三の説明であった。

(五) 暴れ牛と神さびる熊――牛殺しと熊殺しの演技の違い――

ここで想い出されるのが、J・E・ハリソンの『古代芸術と祭式』の中の牡牛追いの記述である。その中での牛追いについての記述は次のようである。(16)

牡牛は荘重を極めた儀式をもって殺され、そして参列したすべての人々によって肉が食べられ、それから――皮が藁を塡めて縫い合せられ、次ぎにこの塡め物をした動物は足を張って立たされ、あだかも耕作しているかのように犂《すき》につながれる。死のあとに「復活」がつづいて来るのである。

これは春祭りにおいて、時姫という女性達によって追い立てられて祭場に牡牛が登場し、その後に執り行われる次第についての描写である。先に紹介した中国の「打春」にも似た次第である(「打春」では粘土製の牛であり、こちらは皮袋で作られた牛である)。ともあれ、日本の田遊びとか御田植えに登場する耕作牛の態に似たような儀礼的な所作が、紀元前七百年ごろのギリシャの地でも行われていたことを示しており、またその種の芸態のものが、例えば東ヨーロッパのブルガリアの地でも行われていたように、ユーラシアの東から西にかけての広域にわたって存在することに、あらためて注目しなければならない記述である。

さらにハリソンは次のようにも記していたが[17]、この点は一考してみたい。

この祭事の精神は今日遠い樺太島のアイヌのあいだに生きている。

と、アイヌの熊祭り（熊殺し）と上記で見てきた牛の儀礼とを同一視しているのである。

ところで、アイヌの熊祭りはギリシャなどの農耕地帯からは遠隔の地に所在する伝承である。一年の季節の巡りの中の春に執り行われている農耕民の牛殺しの儀礼に比べ、熊祭りは極寒の地の農耕地帯とは異なる季節の巡りの中で執り行われる。こちらは亜寒帯または寒帯の北極圏域の狩猟漁撈民の伝承である。このような一般常識からしてもJ・E・ハリソンの見解はすぐには受け入れ難い。もっとも同人が指摘していたように、牛や熊といった動物を殺して人々がその肉を食し、血を飲みあうという点では双方共通してはいるが。

ここで、歌や踊りの芸術表現を対象として、この双方のパフォーマンスの異同について、ことに人々の動物へのまなざしの注ぎ方について比較してみたい。はじめに熊の場合であるが、アイヌの語り（歌い）伝承であるカムイユカㇽ（神謡）の表現を見てみたい。その前に、まずカムイということを説明しておきたい。中川裕の『アイヌの物語世界』[18]によると、カムイは神と表記されることが多いが、これはアイヌ特有の神霊観念というべきものである。人間（アイヌ）にはない威力を有する全てのものがカムイだと説明されている。獣、鳥類、魚類、昆虫などの動物や菱などの植物の類いの生物から、火や水、それに雷や風などの自然現象や毒薬、さらには天然痘などの病気、はては船などの道具類なども含まれている。中でも熊やフクロウのカムイは特に重要視されていて、それらを殺しての祭りはイオマンテ（神霊送り）と称されて重々しい儀礼が行われて来た。総じて動物の内心の霊的存在へのまなざしが細やかに目配りされていることがカムイユカㇽの表現から察せられる。

ここで、熊祭りのカムイユカㇽの一遍の、「山岳を領《うしは》く神（熊）の自叙」の一部分を引用する。[19]

その時
松脂の神
立ち現はれ

付子の神
とともに
我が下肢に
我が手先に
我が足に絡みつき
我が手をとらへて自由を奪ふ。
我は神さびて
我は神のごと
どつと斃れ伏しぬ。
如何になり行きしか
夢の如く仄かなり。
うつらうつら眠りて
ふと眼覚むれば
かくありけり、
一本の立樹の枝の上に
手をだらりと下げ

脚をぶらりと下げて
我ありたり。
その傍に
我蘇生したるなり。
我が下を見れば
かくの如くありき
大いなる老熊が
神さびて
神々しき姿にて
身を横たへて
ゐたりけり。

猟師の放った矢の毒薬が熊の手足、身体中にまわって熊は意識を失う。そして熊は〝神さびる〟という状態に陥ってしまうのだ。その後自分の肉体は猟師たちによって解体され、眼が覚めてみると（我が身にふりかえってみると）、自らの手、脚が立樹にだらりと吊り下げられている。そのようにして自らの肉体（死骸）が横たえられているのを知ったというのである。ここには自らの肉体が猟師によって残虐にも殺害され解体されたことへの恨みも反逆もそのひとかけらも述べられていない。まるでそれが定められた運命であるかのように恭順である。これは一体どういうことなのだろうか。動物が自らの肉体と自らの霊魂とを冷静にじっと見つめている、ある種の澄み透った感覚が漂っている。ひとつこれとは対照的な例もあるのでそれと比べてみよう。「熊羅遊戯図」（「北蝦夷画帖」）という絵画資料[20]がある（図1）。

ここで描かれている図は遊びのパフォーマンスであり、熊（動物）への人々のまなざしは、せいぜい、人間側の攻撃に耐え、またそれに反逆しようとする熊の反応に注がれている。描かれている図は、飼い熊を殺してイオマンテ（熊祭り）を行おうとしている場面の物真似かと察せられる。今しも檻から引き出された熊（人間が扮している）に綱を付けて、周囲の者たちが暴れる熊を制御しているといった図である。これに反して前者のカムイユカㇽの場合は、熊の肉体が殺害された後、自らの死骸を見つめる熊のその心にまなざしが及んでいる。つまりここでは熊の心根が二重にとらえられている。肉体的反応に随伴するそれと、それを見つめている心根とである。実は熊とかフクロウなどのカムイのイオマンテ（霊送り）の場合におけるこの二番目の心根とは、まさに霊送りの霊魂に関わっているものだと思われる。イオマンテすなわち動物の霊送りのプロセスを経て、この霊魂が家や集落などの守護霊等へ

図１　熊羅遊戯図（「北蝦夷画帖」）

と昇化して行くというのが、西シベリアのハンテ人の熊祭りにおける理解であった。いずれにしても、右のカムイの引用のくだりに表現してあった、熊が〝神さびる〟という表現は、今述べた二番目の心根に関わっている。肉体としての動物が霊的存在へと移行して行くその姿であろう。ところで、こういった熊の心根、あるいはその霊魂へとまなざしを注ぐに到るのにはそれなりの背景があると言える。おそらくそれは、熊を殺害する狩猟民の、肉や毛皮、熊の胆といった彼らの生活上に有用な肉体的部位を提供してくれる熊への、絶大なる感謝の気持ちからかもしれないのだが、ここではそんな風な功利主義は全く二の次となっている。

今後とも彼らの生活を支えてくれるであろう動物に対して丁重な心配りがなされていると解すべきである。

他方、牛殺しや暴れ牛のパフォーマンスの場合をみてみよう。牛が農耕民の生活にとってかけがえのない存在であることは、狩猟民に対する熊に劣るものではない。しかし、ここで上記に例示してきたいくつかの伝承例を思い返してみたいが、概して牛の肉体の背後にある牛の心根へのまなざしは、熊祭り（イオマンテ）の場合に比べて、牛（動物）の身になってみるという思いはほとんど感じられない。

まず奈良県の田原本町の御田植式で、見物客が代掻きの牛に砂を投げつけて牛を苛めていたくだりの場合であるが、絵画資料の「熊躍遊戯図」の場合にも似ていて、肉体的苦痛の背後で反逆しようとしている牛の怒気を面白がっているという風だ。ここではその心の動きを楽しむというようないささかサデステックな遊び心が働いているように思う。

次に、前（三）において紹介した静岡県の相良町蛭ケ谷の田遊びにおける牛の角や足に呪《まじな》い詞を掛けている場合である。角や足といった肉体の部位が持っているある不思議な力に目を注いでいる。牛の肉体の持つ有り難さにあやかろうとしているのである。これは牛の心根というより、牛一般のある種の神聖性に注ぐまなざしである。かならずしも屠殺される牛の個体へ注がれているものとは限らないものだろう。

続いて、愛知県の岡崎市のデンデンガッサリヤにおける牛が大きな鏡餅の重さに耐えかねてその場に倒れ込むというパフォーマンスの場合である。その場に倒れ込むという動作から牛が受けるダメージに言及してはいるが、牛の背の上の稲穂の実りの豊かさを逆説的に（アンビバレント）に表現しており、これもまた動物の心根に気づかうことなく、人間側の功利、幸せを徹底的に追求した表現（演技）だ。

三つ目の中国広西チワン族自治区のヤオ族の葬式の折りの牛殺しの場合は、牛は死者への弔いのために殺され、その牛を弄してのパフォーマンスは、死者のあの世での幸せのためになされると解釈されていて、これもまた牛自体の心根とは別のことである。農耕民にとっての牛は、馬鍬や鋤きなどの農具にも相当する耕作作業における人間（農夫）への協力者的存在であり、使役されるものである。動物の心根に思いをはせるよりも、人間側の利益を考えることの方が優先している。熊祭りの熊に注ぐアイヌの人達の思いやりの深さは、前述のように殺す対象である動物自体になりきるというか、その表現は動物自体からの物語になっている（一人称語り形式）。そこがそもそも異なっているのである。ここらあたりが暴れ牛や牛殺しと熊祭り（熊殺し）の演技（表現）の相違点である。

二　「殺伐な」儀礼からの獅子舞考

（一）はじめに

我が国においては獅子舞は盆踊りに次いで、地域住民にとってはポピュラーな〝民俗芸能〟〝地域伝統芸能〟である。正月や春秋の神社の祭礼時にカボチャ大の赤い獅子頭に唐草模様の布幕を胴体としている獅子が、口をパックリと開けて人の頭を嚙《かじ》り、日々の幸いや健康を呪《まじな》ってくれる光景をよく見かける。筆者の生まれ故郷は新潟県であるが、子供の頃に同様の獅子の姿には接していたが、もうひとつ別の獅子舞があることは知らなかった。それが故郷のすぐ隣り村にもあることなどはつい知らなかった。後で解ったのだが、そこはこの二種の獅子舞が混在している地域であった。その少年期に知らなかったものとは、三匹獅子舞とか鹿踊などと称される類のもので、東日本一帯にのみ伝承をみてきたものである（図2）。

図2　一人立ちの獅子舞（三匹獅子）（新潟県村上市坂町）

ともあれこの種の〝民俗芸能〟は、大正末年に東京の明治神宮外苑の日本青年館の竣工を記念して開催された〝郷土舞踊と民謡の会〟が引き金となって〝民俗芸術〟の概念が生まれ、その頃からこれらは調査研究の対象とされることとなった。昭和三年から月刊誌『民俗藝術』が刊行されて、今日言うところの〝民俗芸能〟の種類ごとの特集号も編纂された。昭和五年の一月には獅子舞特集号が組まれ[21]、その中に掲載された文章から、当時今日の獅子舞研究の基本的な観点が提出されていたことを知ることが出来る。そのひとつは小寺融吉の一文「固有の獅子舞と輸入の獅子」である。伎楽の伝来とともに移入された大陸方面の獅子舞が列島内に広まったが、もとより日本には頭部を鹿、猪などの動物に象った固有のシシの踊りがあったことを説いた。一方、大陸から伝来した獅子は、頭役と尻尾役の二人が一体の獅子を演ずるもので、二人立ちの獅子と言う。一方日本固有の方は、一人の演じ手がシシの頭も尻尾も合せて一体を弄するので一人立ちの獅子と呼ぶこととした。つまり二種の獅子舞が混在しているのを、芸態上の視点からこのように区分して見せたのである。この分類法は今日の研究者にも受け継がれている。他方、もうひとつ提出されていた論点は、柳田國男の一文「獅子舞考」に記されていた考え方である。柳田は龍や鹿などの屍体分割譚から説きおこして、地誌類、口碑などの諸資料を博捜して、末尾において、それは、アイヌの熊祭りのような牲《にえ》の祭りに似た動物撲殺儀礼に関わっていたであろうと仮説していた。もっともアイヌの熊祭りに対する今日の解釈は、「牲の祭り」ではなくて、「熊の霊送り（イオマンテ）」という理解が一般的となっているのだが。この柳田の発想は、もっぱら歌や踊りの芸態論に執着して来た後代の歌と踊り（民俗芸能）研究者からは一顧だにされずに今日まで来ていたのである。ちなみに近年の歌と踊り研究者の動向を紹介してみよう。フォッサマグナの構造線の糸魚川から静岡あたりを境に、その東側に分布しているのだと小寺が述べていた一人立ち系統の獅子舞と、その西側に分布する腰の太鼓を叩きながらの太鼓踊りの両者のどちらが先行していたのかという、歴史的な時代の古さ争いに終始して来た。両者の踊り歌には中世末から近世初期頃に京《みやこ》で流行した小歌の影響が共通して見られ、ことに近畿地方の太鼓踊りの演目の「じんじゃく踊り」の歌詞が、東の方の一人立ちの獅子舞にも影響を与えていたふしがあり、西の太鼓踊りの方が先行していただろうとの見解が優勢であった。これに対して、前者の方にこそ古風が見られると反論していたのが本田安次であった[22]。

実は私は、初めは太鼓踊が先で、獅子舞は太鼓踊に獅子頭をかぶせた形かと考へていたが、…（中略）…獅子踊の讃め歌は、その時々の即興歌ではあるが、即興歌をうたふといふそのことが古風であり、踊り歌の方も、古拙のままにうたはれてゐることが注意される。

京《みやこ》ぶりを是とするのか東夷ぶりに古拙を認めるのかといった、なかなか結論のでない芸態論争の中で柳田の説は歯牙にもかけられないで来た。もちろん柳田の挑戦は難題であったから遠ざけられたのだろうが、筆者は、この説は芸態蛸壺論を超えた人類文化論という視野の広い魅力を有していたと思う。柳田の捉えようとしていたことを一歩でも前に進めたいという思いで筆者は当稿を草することとした。少しばかり手元に集まった資料をもとにこうもあろうかという推定をしてみたい。

（二）獅子舞の殺伐な儀礼

柳田國男は「獅子舞考」の中で、獅子舞（頭）に対する人々の所為は遥か昔の遺風をしの

ばせるものがあると、伊勢の御頭《おかしら》神事について次のように記していた。(23)

至つて古い時代の民間の信仰が、独り其形体を今日に留めて、本旨を逸失した例は無数にある。…（中略）…由緒ある各地の行事の中にも同じ名残は尚豊かに見出される。獅子舞などが既に平和の世の道楽になつて居ながら、屢殺伐なる逸事を伝ふるも其為である。伊勢の山田の七社七頭の獅子頭が、常は各町の鎮め神と祭られつゝ、正月十五日の終夜の舞がすんで後に、之を山田橋の上に持ち出して刀を揮うて切払ふ態を演じ、即座にこれを舞衣に引くるんで、元の社に納めたといふなども…

これはいわゆる二人立ち系統の獅子舞に対しての所為のことであるが、フォッサマグナのやや西の方の（太平洋岸）の構造線近くよりの伝承についてのものである。同じく構造線から西側ではあるが日本海側の富山県や石川県の二人立ちの獅子舞に「獅子殺し」という演目があり、隣接する飛騨地方の金蔵獅子にも似たような次第が行われている。実は殺伐な様相をともなうこのような伝承は、フォッサマグナから東の方の一人立ち系統の獅子舞の何ヶ所かの舞納めの次第の中で行われていることの調査事例に近年気づいた。それを以下に紹介しよう。

その一つが新潟県の阿賀北地方の獅子舞の終了時の儀礼として行われるマクガリ（幕がり）である。新潟県教育委員会から一九八一年に発行された調査報告書『越後の風流獅子踊り』によれば、以下のように一二ヶ所でこれが行われている。

岩船郡神林村福田：「マクガリ」と言って獅子頭から幕をはずして収納する
岩船郡神林村牛屋：獅子宿でお神酒をあげて「まくがり」をし、若い衆が夜ごもりをする
岩船郡荒川町金屋：サイの神の前で古老がハサミを入れてマクガリをする。三匹ともハサミを入れる。それからかぶって宿に帰る
岩船郡荒川町大津：古老がハサミで切る。獅子踊がすむとマクガリの踊を踊ってマクを切る
岩船郡荒川町坂町：ご馳走をしてお神酒をいただき、唄あげの人が獅子のマクを切る
岩船郡荒川町名割：最後に一番小さい子に踊らせ、獅子が逃げないようにつかまえて、歌あげをする人があごの下を切る（マクガリ）
岩船郡荒川町下鍛冶屋：獅子舞関係者が集まり、最後にマクガリの踊りを踊って古老がマクを切り終わる
北蒲原郡黒川村近江新：マクガリは獅子踊りの前幕のツナギと背幕のツナギのそれぞれ一

ヶ所の糸を切る行事である

北蒲原郡中条町大出：獅子頭前部の真ん中の部分と、両脇の三ヶ所を切り離す（幕かり）。そして幕を獅子頭の裏側からまわして前に持って来て鼻をかくして保管する。この鼻を隠す習慣は、頭を一時的に踊り手がはずす時も同じ動作をする

北蒲原郡中条町高野：マクカリ

北蒲原郡中条町八幡：昔は最後に「ハナスエ」を踊り、それが最後の「マクガリ」となる踊りであった

北蒲原郡中条町関沢：獅子頭に幕をつけるときは、踊るとき以外は真ん中の糸を切っておく。これを「のどきり」という。全部結んでおくと獅子が生きるといわれ、踊るときは全部結ぶのである

（※上記の所在地の神林村、荒川町は現在は村上市となり、黒川村、中条町は胎内市となっている）

要するにマクガリとは、祭り時に箱から出された獅子頭を幕と糸で結んで、一定期間それを人にかぶせて舞わした後の祭り次第の終了時に、糸を切り、幕と頭を切り離す所為の儀礼

である。ここに記さなかった初めのマクツケにおいても儀礼は行われており、糸で両者が結わえつけられることによって、木具としての頭が生気を帯びるのである。獅子頭同士が保管箱の中で互いにケンカをして噛み合う例を柳田は先述の論考で紹介していたが、同様の言い伝えは越後にもある。岩船郡山北町寒川では、獅子を箱に入れっぱなしにしておくと騒いでしょうがないから時々出して舞わしてやるのだと言っているとのこと。上記に引用した事例の中に、関沢では、幕をつけられて甦った獅子が、それを踊らせる時には全部を結んでおくが、そうでない時は真ん中の糸を切っておくと言い、それを「のどぎり」と称している。その間は生気を失っていると見なしているのである。また鼻も生死に関わる重要部分で、大出では、踊り手が一時的に頭をはずしている時は幕で鼻を隠しておくという。つまりこの間獅子は呼吸をしていないということである。同じようなことを下鍛冶屋でも言い伝えていると聞いた。鼻といい喉といい、動物の生命に関わる大事な器官に喩えられている。そもそもマクガリとは動物の首を切ることとの模擬所作なのであり、その所為は本来残酷と言わざるを得ないものだ。

新潟県のこの伝承と類似の儀礼は、東日本の他の県にも分布していることが後に解って来た。新潟県の阿賀北地方からそう遠くない庄内（山形県）の一人立ちの獅子舞（こちらは五頭獅子で獅子踊りと称している）にも同様の儀礼が濃密に分布していることが、五十嵐文蔵

『庄内地方の祭と芸能』[24]などによって報告されている。獅子郷と言われる旧藤島町、余目町、羽黒町に分布して来たものだ。こちらでのこの獅子納めの儀礼は、神道関係の用語ではないかと察せられる「精抜き」の呼称が使われている（始めの儀礼の方は「精入れ」と称している）。「精抜き」での殺伐な所為は、獅子頭の左目の上あたりを刀で突き刺す。こちらでは越後の場合と違って、幕から取り外された頭を台上に据えて、それに酒、米などの供え物をし、灯明を立てて行われる。菊地和博が藤島町八色木の場合を次のように記している。[25]

歌の終了後に、師匠が「えーいっ」という大声を出して中立ちのシシの左目上部あたりを刀で突く所作をするのである。

さらに同類の伝承は、越後や庄内以外の他の地でも、例えば秋田県にある。当地の三匹獅子舞は「ささら」と呼ばれ、佐竹秋田藩主が水戸から国替えで移封された折りに随伴された常陸方面のものという。仙北郡西木村（現、仙北市）上檜内戸沢のそれに、獅子納めの儀礼として獅子頭の顎に貼り付けられた鬚を刀で切り取る「顎髭切り」の所作がなされている。ここではさらに武藤鉄城氏の私家版（一九五四年刊）などによれば、目玉を抜いたり、牙剣を取ったりのことも行っていたと記されている。

八月十五日は「幕切り」と称して獅子納めをやるが、その儀式で、太夫が刀で獅子の顎髭を切り目玉を抜いたり牙剣をとったりする。(26)

また青森県津軽方面の三匹獅子舞でも、獅子頭の角をもぐ儀礼所為を行うことが、神田より子によって報告されている。(27)

一野渡では獅子頭を山田薬師であると言い、獅子納めの時に獅子頭の角に右手をかけ、右に二回、左に二回まわして右の呪文を唱えるという

さらにこれが太平洋側に分布する鹿踊にも見られることは、岩手県教育委員会発行の調査報告書『岩手の民俗芸能』に掲載されている、大船渡市日頃町中小通《こがよう》の鹿踊の納めの儀礼でも鋏を使った所為が行われている。

世話役は、和鋏を手に囲に入り、中立ちの鹿踊りの頭頂のツノガラミのしばってあるところに鋏を入れ膳の上に戻し儀礼を終わる。(28)

この種の東日本一帯の一人立ち獅子舞を集中的に調査研究して『シシ踊り――鎮魂供養の民俗(29)――』を上梓した菊地和博は、さらにまだまだ同類の殺伐な儀礼伝承が色々に広がっている事例を記していた。(30) 青森市歴史民俗展示館「稽古館」の一九九九年の刊行物によれば、「桃の木の枝で目つぶしの所作を行ったり、お神酒を飲ませたり生魚を食べさせる仕草をしてシシを鎮めるという儀礼」があると言い、秋田県の白岩ささらや下川原ささらの資料によれば、「八月七日にシシにツノを装着させる「笠そろい」を行い、八月二十一日に「笠納め」の儀礼があり、その中で「角もぎ」といってツノをはずすことを行っている」と言う。

(三) 動物模擬の演技

獅子は動物であろうか？　それは西域方面でライオンをもとに象られたものと聞いているが、中国の龍にも似た架空の動物で、あるいは聖獣などと称されている。つまり自然の動物ではないわけであるが、二人立ちの獅子舞にしても、一人立ちの獅子舞や鹿踊にしても、それを見ているといかにも動物らしい生態を描き出そうとしていることが感じられる。猛々しい威嚇的な面相で人を縮み上がらせるのが第一印象なのにもかかわらずである。ことに二人立ちの獅子舞が大仰にあくびをしたり、犬猫みたいに身体のシラミをとったりして見せる。あるいは一人立ちの獅子舞の人気曲「女獅子奪い」に代表されるように、雄と雌の恋い争いを見せたり、人間との格闘場面を演じてみたりとしている。また、ひとびとの暮らしの中で、精をこめて作りあげた田畑の農作物が鹿や猪、熊などによって食い荒らされるが、そのような害獣に見なされた獅子を追い払う寸劇風の演技も各地で見受けられる。さらに悪魔払いとか寿福招来の祝いといった呪《まじな》い儀礼において、獅子が大きな口を開けて人々の頭を嚙むとか、歯打ちを見せることもある。

ところで、こういった獅子を動物に見立てる様々な事例の中においても、折口信夫《おりくちしのぶ》は、ことにこれを害獣視することのあることに鑑み、大陸伝来の獅子舞を受容した日本人の心情にはその意識が強かっただろうと述べていた。周知のように折口の祭りの芸能（歌や踊り）の始源論の根底には、常世の国からのまれびとの到来という考え方があって、次の一文に見られるように、獅子舞をこのまれびとに列する存在と位置づけていたように思われる。

此は、言ふまでもなく私どもの常に持つてゐる仮定の一つ、海彼岸《ウミノカナタ》の賓客が此土を来訪して、災厄を未然に祓ひ退けて行つてくれるといふ信仰の分化した、一方面に過ぎないのです。(31)

そして、獅子舞の〝しし〟という発音が、日本人が害獣視している動物の〝しし〟と共通しているので、日本にもこれが容易に定着したのだと記していた。

日本の側から獅子の知識に割り込んだものは、すべて農村の邪魔ものでした。かのしゝ。ゐのしゝ、いづれも農村の害物です。此考へからさういふものゝ全体、或は一部分に扮装して祭りに参加する様にもなつた訣です。[32]

こういった害獣を追い払う様子の芸態について、東日本方面のシシ踊りの特質、野獣性ということについて言及していたのが菊地和博である。[33]その例が、岩手県の鹿踊に見られる「鉄砲踊り」と「案山子踊り」という演目である。害獣視された動物を捕獲せんとする人間側と鹿たちとのやりとりを描出したものである。前者は猟師の鉄砲で脅迫された鹿達、そして後者では農民の立てた案山子に遭遇して驚愕する鹿達の様子が演ぜられるが、いずれの演目も捕獲殺害されずに鹿達は逃れ去った。踊りの上では見逃された動物達であるが、『会津風土記』や『八戸勘定所日記』の誌するところによれば、江戸時代後期の農民がいかに猿、鹿、猪などの動物に手を焼いていたかが述べられていると言う。だからといって、この二つの演目には、単なる人間による一方的な害獣撲殺ぶりが表現されているというのではなくて、人間側の害獣視観を、動物側から見返している面があると菊地は注釈している。

そもそもシシ踊りとは、「狩猟して食べる側・害獣を服従させようとする側＝人間」が、「食べられる側・服従させられる側＝野獣」の扮装をして踊る芸能である。そのなかでも特に二つの演目は、食べられる側・服従させられる側から、食べる側・服従させる側を観察して人間行動を見抜こうとする内容である。(34)

つまりこの見方は、一方的に動物を害獣視する人間側にある種の内省を迫るものがあるという指摘である。

もうひとつ菊地が挙げている野獣性の事例は、動物（獅子）というものはともかくやっつけなければならない憎っくき対象であるという、一切同情のないストーリーの芸態のものである。棒や太刀で獅子を倒す庄内の五頭の獅子踊りにある一場面がそれである。

襷がけをして身構える複数（多くは二人ずつ四人組）の「棒使い」と「太刀使い」がシシ五頭と対面し、両者は互いに相手に襲いかかっていくような動作を繰り広げる。最後はシシたちが跪いてカシラを垂れて降伏する。[35]

これと類似の芸態は石川県などの北陸地方の二人立ちの獅子舞にも行われている。かように巨大な獅子が囃子を奏しながら町内を悠然と歩み、ところどころで、この獅子に対して戦いをいどむ演舞をおこなうのである。獅子に対して戦いをいどむものを棒ふりと称し、勇壮な演舞を展開して最後に獅子を殺す、これが金沢の獅子の最大の特徴なのである。[36]

以上野獣に見立てた獅子に、人間側がひとかけらの同情もなしに対処する後者と、人間側がやや内省的に接している前者の場合との二つの事例を菊地は提示したのであるが、筆者はいずれの場合も、獅子を現代人の目からとらえた動物観にもとづく野獣性であると考える。つまり、ヒューマニステックな対応をするのか、逆にそれを獰猛視して銃殺するとかといったような態度である。他方前述二で紹介した殺伐な儀礼をともなう獅子舞の場合はそれとは観点が異なり、後述するように狩猟採集民的な独特のものではないかと思う。

(四) 死屍分割される演技

ところで東日本分布の一人立ちの獅子舞は、村廻りして民家や寺、神社などの屋形を種々にほめ讃え、踊りを披露し、投草という謝礼の物を頂戴して立ち去って行く祝福の門付け芸人の類いである。こういった者たちの芸脈は折口信夫が言及していた万葉集の「乞食者《ほかいびと》が詠《うた》ふ歌(37)」の系譜につながっているようにも思われる。その歌には、動物が死屍分割される様が描写されている。例えば鹿の歌の場合は次のようである。

鹿《しか》待つと　我が居る時に　さを鹿《しか》の　来たち嘆かく
たちまちに　我は死ぬべし　大君《おおきみ》に　我は仕《つか》へむ
我が角《つの》は　み笠《かさ》のはやし　わが耳は　み墨坩《すみつぼ》　我が目らは
ますみの鏡　我が爪《つめ》は　み弓の弓弭《ゆはず》　我が毛らは　み筆《ふみて》はやし
我が皮は　み箱の皮に　我が肉《しし》は　み膾《なます》はやし　我が肝《きも》も
み膾はやし　我がみげは　み塩のはやし(38)……

鹿の身体が解体されて、耳、目、爪、毛、皮、肉、肝、みげ（内臓。註38の同著に記載）のそれぞれが大君の御用にさしあげられる様が縷々と述べ立てられている。そういった表現が人様の顎を解き、寿祝となっていたのであろう。ここで気になったのは上記引用の歌の文句の末尾に、「右の歌一種は、鹿のために痛みを述べて作る」との注記をつけ加えていた点である。これはこの歌の作者に擬された者の言い草ということであるが、今日の動物愛護主義者が言う〝可哀相だ〟という見方に近似していると思われるが、筆者は、ここに狩猟採集時代の人々の一見残酷と思える動物に対する対応の仕方が、万葉時代まで引き継がれていたものではないかと推察している。ちなみに狩猟採集民にとっては獣や草の実などは自らの生をつなぐ不可欠な存在であって、捕獲採集される対象を〝可哀相〟などとは言っていられなかったからである。このことを金田一京助は次のように説明していた。

「殺す」「食ふ」といふことが、我々から見れば残酷であつたり、無慈悲であつたりするが、アイヌの心持から云へば、熊を殺して食ふあの熊祭でも、敬虔な神送りの行事で、下界へ遊びに来てゐた客神をもとの家へ帰す慇懃を尽した宗教的作法で、神の心に協ふ行ひである。(39)

これに似かよった伝承の表現が、近年まで沖縄県の八重山地方のユングトゥという滑稽話しにまで生き延びていたという。狩俣恵一が八重山のその口碑を万葉時代の乞食の詠を引き寄せて一文を草していた、牛のユングトゥというものである。

私は　古見の　与那田家の牛です
穴のなかに　落ちて　もーもーと
鳴いて居ると　そばを　通る人が
（私を）見ておられる。
私の家の桁に
大きな　綱が　ありますから
取って来て下さい
角を括り　腹を括って
（私を）出して下さい　正月に屠殺し
高膳を据えて　黒木の箸で召し上がり
年をとって下さい
（以上）申し上げます。(40)

ともあれ、万葉集の鹿の歌や八重山の牛のユングトゥに見られたような動物の肉体各部の分割譚に類する語彙の破片が、東日本の獅子舞や鹿踊の殺伐儀礼に残存しており、「マクガリ」、「のどを切る」、「鼻をかくす」、「目を突く」、「顎髭を剃る」、「目玉を抜く」、「牙をとる」、「角をもぐ」などとして散らばって存在しているものの如くである。なお万葉の鹿の歌には身ぶりが伴っていたと折口は記していたが[41]、東日本の一人立ち獅子舞や鹿踊の淵源はあるいはそれに連なっているものなのかも知れない。このことは一人立ちの獅子舞が東日本と西日本のどちらで先きに始まったものなのかが問題ではなくて、動物の死屍分割が日常であった狩猟採集時代に思いをはせてみるべきことなのだと思う。

註

（1）J・E・ハリソン　佐々木理訳『古代芸術と祭式』（筑摩書房、一九七三）七六―七七頁
（2）新井恒易『農と田遊びの研究』（上下）（明治書院、一九八一）の下の五五五―五五六頁
（3）註2と同著
（4）註2と同著の下の一七七―一七八頁
（5）『中華民族民間舞蹈集成　広西巻』（下）（中国ISBE中心、一九八八）五六頁（翻訳は筆者）
（6）伊藤清司「雲貴高原のまろうど神」『自然と文化』二四号（日本ナショナルトラスト、一九八九）

所載四―七頁
（7）二〇〇六年三月三日に採訪したブルガリアの黒海近くのトラキア地方のポヴェダ（POBEDA）村のもの
（8）註2と同著の上の二六〇頁
（9）星野紘『芸能の古層ユーラシア』（勉誠出版、二〇〇六）一八七―一八八頁
（10）『南島歌謡大成Ⅳ　八重山篇』（角川書店、一九七九）一二四頁
（11）註2と同著の上の五〇七頁
（12）『折口信夫全集　第三巻』（中央公論社、一九六六）所載「田遊び祭りの概念」三八七頁
（13）W・エバーハルト、白鳥芳郎監訳『古代中国の地方文化』（六興出版、一九八七）一六七頁
（14）同右
（15）『中華民族民間風俗辞典』（江西教育出版社、一九八八）二七九頁（翻訳は筆者）
（16）註1と同著の七六頁
（17）註1と同著の七七頁
（18）中川裕『アイヌの物語世界』（平凡社、二〇〇一）二九頁
（19）久保寺逸彦編著『アイヌ叙事詩　神謡・聖伝の研究』（岩波書店、一九七七）六八頁
（20）谷本一之『アイヌ絵を聴く』（北海道大学図書刊行会、二〇〇〇）一一八頁所載
（21）『民俗藝術』復刻版（国書刊行会、一九七三）第五冊所載
（22）『本田安次著作集　日本の伝統芸能　第一〇巻』（錦正社、一九九六）所載「鹿躍歌考」二三一―二三二頁
（23）註21に同じ　二五五―二五六頁
（24）五十嵐文蔵『庄内地方の祭と芸能』（阿部久書店、一九九八）

(25)『民俗芸能　通巻八八号』(日本青年館公益事業部、二〇〇七) 所載、菊地和博「八色木獅子踊りにみる特色」一四頁
(26)『無形文化財記録　芸能編3　民俗芸能〈風流東日本〉』(文化庁、一九七四) 八九頁
(27)『まつり　四三号』(まつり同好会、一九七九) 所載「津軽の獅子舞」一三七—一三八頁。なおここで記されている呪文を「うたつのむぎ」と称す。
(28)『岩手県の民俗芸能』(岩手県教育委員会、一九九七) 一一四頁
(29) 菊地和博『シシ踊り——鎮魂供養の民俗——』(岩田書店、二〇一二)
(30) 註29と同著の一五—一六頁
(31)『折口信夫全集　第一七巻』(中央公論社、一九六七) 所載「神楽 (その一)」二五三頁
(32) 註31に同じ　二五三頁
(33) 註29に同じ　二五五—二七一頁
(34) 註29に同じ　二六五頁
(35) 註29に同じ　二六六頁
(36)『まつり　四三号』所載小倉学「加賀・金沢の獅子舞」一五六頁
(37)『折口信夫全集　第一巻』(中央公論社、一九六五) 所載「国文学の発生 (第二稿)」九八—一〇〇頁
(38)『新潮日本古典集成萬葉集四』(新潮社、一九八二) 二六八—二六九頁
(39) 金田一京助採集並ニ訳『ユーカラ　アイヌ叙事詩』(岩波書店、一九九四) 一七頁
(40)『万葉古代学研究所年報八』(奈良県万葉文化振興財団万葉古代学研究所編、二〇一〇) 所載「乞食者詠と八重山のユングトゥ」三六頁
(41) 註37と同著所載九九頁

第六章　熊と人と神

一　熊祭りの精霊、神霊が呪《まじな》う吉祥

はじめにの七において、熊祭りには〝破滅ほど豊穣になる〟といった暴れ牛の態に見られるようなアンビバレントな場面は一切ないと言い切っておいたが、ここで前言に一部修正を加えておきたい。第五章で詳述した西シベリアのハンテ人の熊祭りの演目次第を振り返ってみると、そう言わざるを得ない点に気づく。もちろん直接熊自体がそのような演技を見せるというのではないのだが、熊が撲殺されて生理的な死を経て守護霊への道を歩む彼に付随して登場してくる精霊、神霊の類いの演技にそれが見られる。それらのモノ達は、居住民の幸せや豊猟、豊漁を呪って熊の祭壇の前で旋回舞踊などを演じたりするのである。例えばソシヴァ川中流の女神（精霊）の歌では、

私の水の魚をたっぷりと（もたらす）踊りを、
起こっている戦いから守る踊りを
（私はあなたがたに）踊りましょう(1)

また上空に坐まして、居住民の幸せ安寧といった生活全体のことを総体的に管轄している神霊アス・トゥイ・イキの歌では、熊祭りの祭場に彼を招き入れ、その出現を呼び掛ける祈り手が次のように歌う。

神（ヴェルト）よ、お踊りください。
少女達を守る踊りを、
少年達を守る踊りを、(2)

一方、また次のような場面もある。一九九一年にオビ川支流のカズィム川上流の集落ユーリスクでの熊祭りにおいて、一七種の熊の歌がうたわれた。その一番最初には、くだんの熊は、天界の創世神ヌミ・トルムが地上に派遣した我が子の一人と位置付けられている。この熊の地上での成長、活躍、あるいは獰猛な獣になって居住民に危害を加え、その結果猟師に捕獲殺害されて熊祭りが執り行われるに至る話である。一方その最後の熊の歌は、地上のペリム川の神（彼もヌミ・トルムの一眷属として位置付けられているのだが）が可愛がっていた金の糸玉が、神がいねむりしている間に熊に化して（熊として誕生して）、地上で生涯を送る話である。これらの二つ以外の熊の歌では、誕生の経緯が不明確なのだが、いずれにしても熊は最後に、オビ川支流の各川筋ごとに居住しているそれぞれの氏族の猟師によって殺害されて熊祭りが執り行われ、祭りの終わりにその霊魂が各氏族の守護霊と化して行く(3)。これらの熊祭りにおいて殺害される熊は、一つの熊の歌を除いては、皆おとなしく撲殺されているのだが、次の一つだけが熊が大暴れしている。とある町の神（ヴェルト）の息子と称される熊のことだが、捕獲された晩から三夜にわたって惨劇を引き起こす。自分を捕獲した当地域氏族の猟師が、自分をひどく侮るような態度をとったことを理由に、天界のヌミ・トルムに掛け合って凶悪な大軍の派遣とこの町襲撃を要請した。牙をもつ凶悪な熊が、一夜目には二十五頭が群れをなして町を襲い、そして二夜目には百頭に増え、さらに三夜目には五百頭にまで増大したという。この間、人や犬はそれらによって喰いちぎられ、町は灰塵に帰したという。

ところで、当該町の恐怖の三夜にわたるこの話は、これを記しているチモフェイ・モルダノフの著書の他の個所の記述から察すると、どうやらこの町はオビ川中流域のベジャコール町のことであり、またこのモノは、熊祭りの最後の一夜にこもごもに登場する偉大なる神霊八体のうちの一つである、エム・ヴォシ・イキという存在のようだ。この存在は、先述の熊が後になって、そのような神霊に化した姿であると察せられる（黒色の布で顔を覆い、黒褐色のキツネ毛の帽子をかぶり、威嚇的な面相で登場する）。実はこのエム・ヴォシ・イキは、後の次第で、呼び出し役に乞われて熊祭りの祭場に現われると、熊の祭壇の前で深々とお辞儀をする。ことにこの神霊は熊と密接な関係にあると説明されている。この神霊の役割は、当該熊祭りの家に巣くっている悪霊の類いを追い出すことだ。例えば床板に潜んでいる一連のこの種のものを徹底的に駆除することが求められる。こういったエム・ヴォシ・イキの働きは、あるいはひょっとして、大暴れしつつ居住民の幸せ、安寧を保証するといった序で述べたような暴れ牛の姿に重なるものかとは思われるが、ここではアンビバレントな感覚は不明確である。他方、このモノの凶悪な面相などからして、先の第二章の五で言及した異形異相の熊の訪れ神（まれびと）のことをこの威嚇的なモノは思い出させる。

二　熊と人との相関性

前述のように熊の世界にてこの世の人間の吉祥が呪われていることは、熊の世と人の世とが相似た関係にあることを示しているからだとも言えよう。このことを端的に見せているのが、アイヌのカムイユカㇽ（神謡）の中で描写されている次の場面である。つまり、熊などの動物を殺して祭り（霊送り）を執り行う話の結末部分のことである。人間（アイヌ）によって丁重に熊祭りが実施されてから後、木幣（イナウ）や酒などの沢山の土産物を背負わされて元の熊の世界に帰還した熊が、人間界での自らの祀られ方があまりにも恭しく有難く執り行われたことが忘れられず、熊の世界でも、再度この催しを、その世界の諸所の神々を招聘して行う場面が念入りに描写されている。例えばその一つでは（もっともここでは、自らのことではなくて、我が子の熊の話にはなっているが）、次のように行われている。

やや久しく
経ちて
我が仔熊の神
酒の列
木幣の山を
背負ひて
人間の許より

帰り来れり。
また新たに
近くの神々
遠くの神々
を招じて
盛大なる饗宴
を催したり。[4]

また同じく双方の世界の相関性に起因していると思われるのだが、ハンテの熊祭りにおいて、ヌミ・トルムを父としたその世界の神霊達は、まるでこの人間界の家族のように見なされていて、先述のエム・ヴォシ・イキは八体いる神霊の兄弟姉妹の五番目の息子として位置付けられている。一方また、この熊の霊界の親族関係を具体的なハンテ人の居住地のことであるかの如く、大地に描き出して見せているのがここに掲載する地図である。

これはチモフェイ・モルダノフがかつて紹介してくれたもので、熊祭りに登場する精霊や神霊のハンテの大地における所在を地図化したものである[5]（図1）。すなわちカズィム川の女神という霊位の高い神霊（ヌミ・トルムの娘）が、どのような経路で北極海に面したオビ

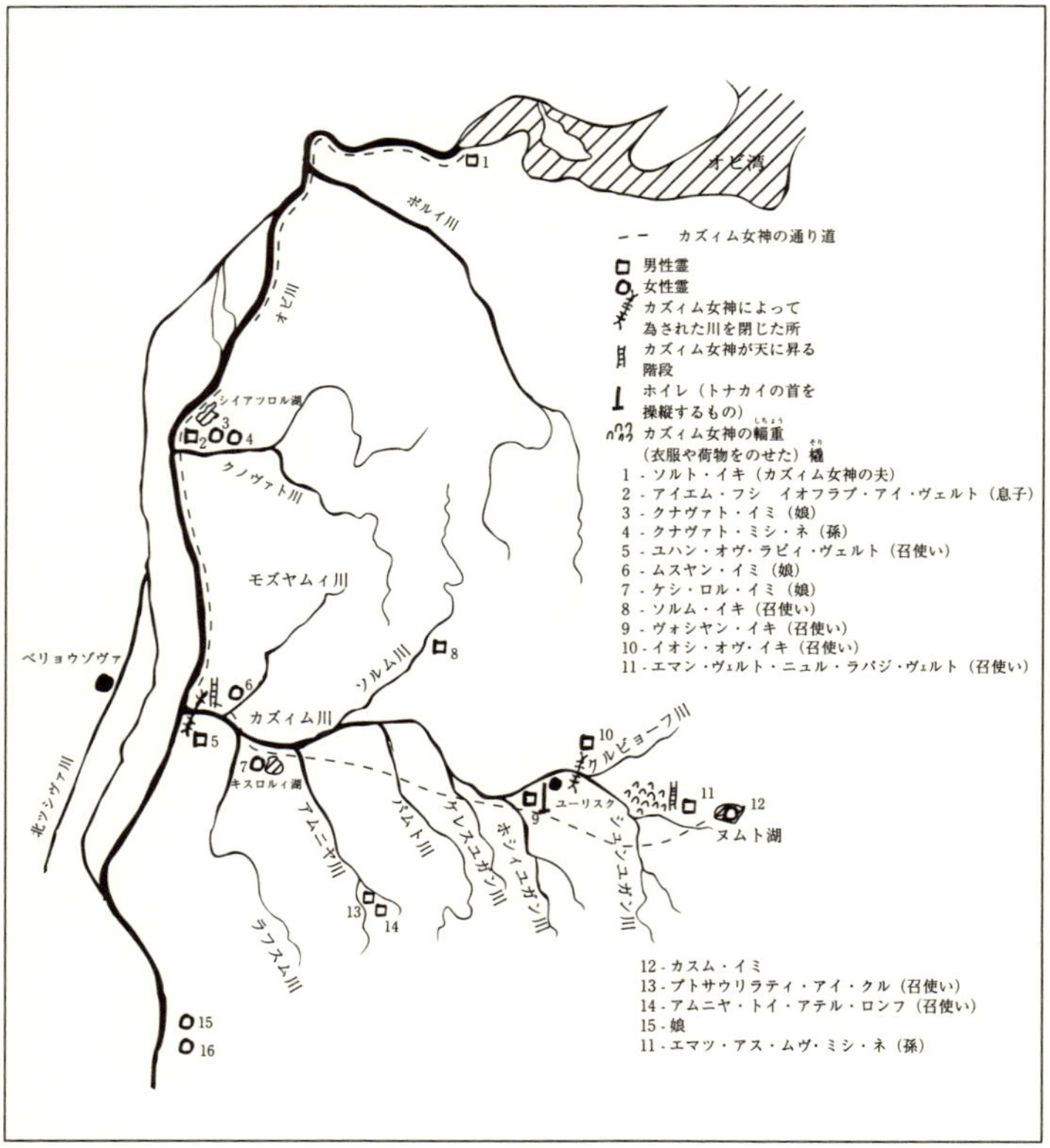

図１　「カズィムの女神の通過した道筋と彼女によって創造されまたは任命された霊」

湾から、今日の棲まい処のカズィム川の水源地のヌムト湖（12）までたどって行ったのかという道筋と、彼女が創り出し、名前をつけた精霊たち（親族）の所在地をインプットしたものである。この地図上に記載されている具体的な話の一つを紹介しよう。オビ湾からオビ川の支流のカズィム川に至るまでの間にクナヴァト川というオビの支流が流れているが、その河口のオビ川との合流点近くにシイアツロルと称する湖があり、この付近の地図上の数字の4の個所が精霊クナヴァト・ミシ・ネの棲んでいるという場所だ。この女神の歌が一九九八年のハンテの熊祭りの折の第三夜目に歌われていて、その梗概は次ぎのようであった。〈オビ川の下流に太陽の昇る所に大きな湖がある。この湖のあたりからクナヴァト川が始まっている。女神は家の中で仕事をしているのだが、外へ出てみると黒いカラスが、カズィム川の女神の所で熊祭りが執り行われたことを教えてくれる。彼女がこのことを父親（実は彼女の父親はカズィム川の女神の息子なのだ）に告げると、父親は外へ出て行き、黒テンを持って来る。この女神精霊はカズィム川の方へ赴く（地図上のヌムト湖の所に12と記してあるのがカズィムの女神の棲まい処である）。彼女は祭りの場で参列者一同に幸せをもたらすためにと七旋回の力強い踊りを激しく踊る。クナヴァト・ミシ・ネはこのように人間の娘の如くに、自分の祖母の地での熊祭りにお祝いに駆け付けるといった話となっているが、ここでの親族関係は神霊界のものである。つまりカズィムの女神は天界の創世神ヌミ・トルムの娘であり、カズィム川の精霊はソルト・イキという神霊（地図上の数字の1の地に所在）と結婚して一男五女をもうけたのであったが、その息子がクナヴァト・ミシ・ネの父親ということになっている。

前者のアイヌの熊祭りにおいて、再度の熊祭りが執り行われるという話が、この人間の世界のことが熊の世界のこととして描写された絵筆のタッチだとすれば、こちらは熊の世界の親族関係が、この人間界の大地の上になぞられた絵筆のタッチということになる。地図の細部をよく見ていただきたいが、この地図上にはカズィムの女神が、ハンテの大地から天界（彼岸の熊達の世界ということになるのだが）にまで登り行ける階段の絵まで付け加え描写してある（6の左横に）。まさに双方の世界は融通無碍に相通ずるものと理解されているわけである。

三　おじさんと神

熊祭りの執り行われる現場においては、熊のことを〝熊〟と呼んではいけない。〝おじさん〟であるとか、〝おじいさん〟などと呼ばなければならない。その知識は十分に有していたはずなのだが、筆者はうっかりして一九九八年のハンテの熊祭りの現場で〝熊〟と口走ってしまい、主催者から大目玉を喰らってしまったことは前述のとおりである。祭壇に安置してある熊頭の表情は、しわがれ声で話をしてくれるようなやや年たけた印象であり、これにふさわしい呼び名かなと思う。熊が娘（女性）と結婚するという昔話は世界の諸所でいくつか採集されているとのことである。ともかく熊は我々人間にとっては身近な存在である。近い所の話としては、越後の雪の冬に熊の巣穴で過ごすはめとなった男が春になって無事村里に帰還したという、熊が人を助けた話が『北越雪譜』に載っていることはつとに知られている。

ところで、熊は人間に祀られる存在であって、尊称が付与されて〝神〟と呼称されているが、その神の性格はなかなか複雑である。

例のフレーザーは『金枝篇』の中で、トゥングース族のギリヤーク、ゴルディ、オロチなどの熊祭りにおいて、殺される熊を村中へ引き回して見せるという、折口が説いていたような〝まれびと〟の到来を思わせるような報告が記されている。一八五八年一月にロシアの旅行家レ・フォン・シレング達が見たギリヤークのそれは、

熊は一再ならず行列で曳きまわされ、村じゅうの家々に厭でも曳き入れられたが、尊崇

のしるしとして、また喜び迎え入れられるお客であることを示すために、どの家にも食べ物を与えて食べさせた。[6]

またオロチでは、

熊は檻から曳き出されると、槍と弓矢で身を固めた人々につき添われ、縄をつけて人家を残らず曳きまわされる。…（中略）…熊と熊曳きはどの家でも何か食べ物と飲み物をふるまわれる。このことはその村だけでなく、隣り村のすべての家を残らず訪問してしまうまで、数日間にわたって続けられるのである。[7]

もっともフレーザーはこれらの事例から熊を、神一般として礼拝されるような対象かどうかという点については、次のように疑問を呈している。

ジョン・バチェラー師は、熊に対するアイヌの儀式的な尊崇を明白に礼拝であると記しており、さらにこの動物が疑いもなく彼らの神々の一つであることを確信している。たしかにアイヌは、神に対する「カムイ」という名称を、自由に熊に適用しているようである。しかしバチェラー自身も指摘しているように、この語は多くの異なった意味の陰影をもって使用されており、極めて多様な対象について適用されるために、熊についてこれが適用されているからといって直ちにこの動物がじっさいに神として尊崇されていると断定するのは安全でない(8)。

右のバチェラーが指摘していたというアイヌの「カムイ」とは一体どのようなものと考えるべきなのであろうか。ちなみにカムイユカㇽ（神謡）の話の中では次のように〝神〟として表現されている。例えば、熊祭りが執り行われる熊の話の一つでは次のように記されている。

「重い神様よ！
お起きになって
炉頭座に
お座りになったら
食べ物を差し上げ
ましょう
よねえ。」と

その人間の首領が
言うので
やおら
私は身を起こして
炉頭座に
座りました。(9)

とある川の中流の村の一夫婦に養育されていた仔熊が、夫がそろそろ熊祭りの準備のために和人の所へ祭り用の酒などを仕入れる旅に家を出たのだが、妻は性悪な者で居候の男と仲良くしていちゃつき、熊へ食事を与えることを忘れてしまう。空腹となった仔熊は家を飛び出し、川の上流で猟師小屋を見つけ、その中に入って炉端で居眠りをしていた。そこへやって来た小屋の主が不審に思い熊に話しかけた、その場面のセリフである。ここで〝重い神様〟と呼び掛けているが、まさにこれは祀られねばならぬ大事な存在という意味あいのものであろう。また同様に、人々によって祀られる鳥、ふくろうの場合には、

「ふくろうの神様、大神様、

貧しい私たちの粗末な家へ
お出で下さいました事、有難うございます。
……（中略）……
大神様をお送り申し上げましょう。[10]」

と記されているが、こちらはふくろうが貧乏な家の子どもの矢に捕えられて、その屋に連れて行かれた折に、当家の老夫婦が述べた言葉である。ここでは〝大神様〟と精いっぱいの尊称が奉られている。ともあれこの二例は、殺されて祀られる（霊送りされる）獣や鳥への、人々（アイヌ）の幸せを見守って下さる尊い存在への敬いの気持ちが込められている。いわばそれらは動物神とでも呼ぶべきことになろうか。

ところでアイヌ研究者の中川裕は、この種の「カムイ」のことを次のように説明していた。

狩猟採集をなりわいとし、自分たちを取り巻く生態系のシステムとして自らを調和させて行くすべを、生きるための知恵として追及したアイヌ人が、その中に認めた「人間を超えた力」、それをカムイと名づけたわけなのだから、それはわれわれの言う「自然」という言葉に非常に近いものだということができるだろう。[11]

つまりカムイとは「自然」という言葉に近いものだとの解釈である。

他方、ハンテの熊祭りにおける熊は、アイヌのそれに比べて、自然に近いものからは遠い存在の〝神〟、との関係が色濃くなっているような印象を受ける。もっともハンテの熊祭りにおける「熊の歌」を見ると、そうではないプリミティブな動物的な存在を思わせる要素もあり、双方が混在しているのではないかと思われるが。例えば多くの「熊の歌」では撲殺解体される前の熊の生涯譚が語られるのだが、夏には蚊や虻に悩まされるが、秋になると美味な野イチゴやコケモモ、クルミなどを貪り喰って贅肉を蓄え、そして冬になって巣穴に籠って冬眠をしたものであると、地上での季節の移り変わりとともにある暮しのサイクルが描写されている。この双方の間に何か、変化を来すに至った契機があったのではなかろうかと思わせるのである。すでに述べたように地上の熊は、天上界の創世神の息子が天界から降ろされたものだというような神霊界の枠組みの設定となっていて、熊祭りの終末部には熊の魂の一つが第四章に掲載した写真（第四章図６）のように天上界に持ち帰られるのである。ところがその霊のひとつが熊祭りを主催した家の守護霊と化して行くのだとも歌われている。その「ポトム川の歌」という熊の歌では、熊が動物霊的存在と化して行く様子が結末部分で次のように示されている。(12)

戯れの最後の夜を
私達は今終えようとしている。
……（中略）……
隅の（ある）家のその隅に（私の魂は）差し向けられた。

この最後の一行はまさに、熊の魂がその家の守護霊となって行くという意味の表現だと注釈されている。

実はこの辺りに熊祭りの時代的（歴史的）変化が生じたものだろうということを、モルダノバ・タチアーナが著書『ペリムトルム——熊祭りの創始者——』[13]の中で指摘している箇所があるので、紹介しておきたい。もともと熊祭りの熊は、天界の創世神が地上に派遣したというのでは無かったと言うことではなかろうか[14]。

神話についての別の解釈として、熊は地上の霊から誕生したというのがある。アビ（rarapa）の卵が地上の女性によって熊の息子に化したというのがあり、あるいは丸太を越えつつ道に迷った若者が熊と化したという論考がある。

今日、ペリム川の神の懐の中の金の糸玉が小熊に化して地上で熊が誕生したという歌も歌われているのだが、先述のようにこのペリムの神も天上界の創世神の眷族と位置付けられ、熊も神霊界と関係付けられている。ここのところをモルダノバ女史は、それは中世の六〜七世紀の頃の、オビ川流域でのペリム公国の成立と関わっていた変化であろうと次のように説明している。(15)

ペリムの霊の名称はペリム川に由来していて、古くは多分特定の氏族の霊であった。それがオビ・ウゴールの中央部で結集して行く過程で、その影響が強まり、最強のリーダーとして周辺の小共同体を統一し出した当初から、それを表象する名の神霊となった(六〜七世紀)。その後に広大な領域の統一を成し遂げて、ペリム公国の名のもとに歴史上に記載され、この神霊は天上界の神トルムの息子としてのステータスを獲得した。

つまりかつてペリム氏族の霊であったものが、天上界の創世神の息子という神霊界の一員に祀りあげられたということ、つまり、生き物の霊が神霊界に関係付けられるに至ったということである。いずれにしても、ここのところがハンテの熊祭りの熊への観念（存在認識）がアイヌの熊祭りとは異なっている点と言えよう。

註

（1）星野紘・チモフェイ・モルダノフ共著『シベリア・ハンティ族の熊送りと芸能』（勉誠出版社、二〇〇一）一五二頁
（2）註1と同著の一七六頁
（3）*Молдонов* Т.А. Картина МиРа в Песнопениях Медвежьх ИгрищСеверных Хантов. Томск. 1999, 四一頁
（4）久保寺逸彦『アイヌ叙事詩　神謡・聖伝の研究』（岩波書店、一九七七）七二頁
（5）註1と同著の四一頁
（6）フレーザー著　永橋卓介訳『金枝篇（四）』（岩波書店、一九九〇）六五頁
（7）註6と同著の六九頁
（8）註6と同著の七〇―七一頁
（9）註4と同著の七五頁
（10）知里幸恵編訳『アイヌ神謡集』（岩波書店、二〇〇三）一九頁
（11）中川裕『アイヌの物語世界』（平凡社、二〇〇一）二九頁
（12）註1と同著の一四三頁
（13）*Татьяна Молданова* ПЕЛЬІМСКИЙ ТОЛМ_устроитель Медвежьских игрищ
（14）註13と同著の一二頁
（15）註13と同著の二六頁

あとがき

なぜ「暴れ牛と神さびる熊」を書名としたのか。これについては次のようなきっかけがあった。二〇一六年に新潟日報紙の文化欄の連載記事（〝西シベリアからの風〟）に八回執筆させていただき（第四章参照）、その過程で思いついたのである。それは、北極海に面した寒帯の狩猟採集民地帯の熊を殺しての熊祭りの歌と踊りについて書いたのだが、その折、頭をよぎったのが、この半世紀の間採訪を続けてきた日本国内を始め、中国、中央アジア、ロシア等々の外国の温帯域、農耕民地帯の伝承への採訪体験のことであった。特に、そこでの牛供犠の祭りに関わることを中心に考えざるを得なくなったのである。ユーラシアのむら社会の歌と踊りは大きくこの二種の動物殺しの祭りに収斂するものと思われる。

この字句の表現は以前に書いた論文の題名で、その文章は当著に載せてある（第五章）。牛の場合には、日本の田遊びとか中国大陸南部の春牛舞など農耕民地帯において、暴れまわる牛の熊の演技が目立ち、熊の場合は、アイヌの神謡（カムイユカㇻ）において熊が〝神さびる〟と表現されているように、おとなしく霊への道を歩んでいる。二者がこのように対照的な姿を演じていて、言葉のひびきもよいので二者の言葉をつなげたのである。

当著での主眼点は今日はじめて気がついたものである。「はじめに」において記しておいたように、牛が暴れるほど豊穣になるという、どこかアンビバレントな感覚が温帯域、農耕民地帯の伝承の特徴となっている。たとえば、獅子舞において、幼児の頭を獅子の口にはませて彼が火がついたように泣き出すのを奨励したり、牛が背中に載せた収穫物の重みでつぶれる様を喜ぶなどといったいささか不可解な感覚の所為である。

歌と踊りは、単に楽しいものだというばかりでなく、この例のように説明の言葉がなかなか見つからない場合もあるのである。またその実演者にとっては、たとえば世阿弥の花の芸道論が語るように奥の深い世界が秘められている。このように人間の大事な生きざまに関わるひとつとして、語られねばならぬことが色々とある対象というべきである。たまたま今回指摘できた点は右のアンビバレントな感覚であったが、事柄究明の一里塚にすぎないものである。

ところで当著の目次内容は、その多くが既発表の文章にこのたび修正を加えて掲載している。ここに参考までに各文章の初出を一覧にして左に掲載しておく。

はじめに　書き下し

第一章　人はなぜ歌い踊るのか　『過疎地の伝統芸能の再生を願って』（国書刊行会、二〇一二）所収の「第一章　芸能のはじまり、面白さの表現など」を大幅に書き替え（再構成し）ここに転載

第二章　農耕地帯のむらの歌と踊り

一　日本のむらの歌と踊りの呼称の変遷　『村の伝統芸能が危ない』（岩田書院、二〇〇九）所収の「第二章　村の伝統芸能とは何か　村の伝統芸能の呼称の変遷」の前半部をここに転載

二　日本のむら社会での歌と踊りの役割　『村の伝統芸能が危ない』（岩田書院、二〇〇九）所収の「第二章　村の伝統芸能とは何か　村の伝統芸能の呼称の変遷」の後半部をここに転載

三　日本のむらの歌と踊りの魅力　書き下し

四　中国のむらで出会った歌と踊りの傑作

掛け合い歌の古態　書き下し

力動感のあふれる輪踊り　『人はなぜ歌い踊るのか』（勉誠出版、二〇〇二）所収の「中国雲南省の蔵族のグオッジョ採訪記」をここに転載

曲芸風技芸の東西の広がり　書き下し

五　《ロシア・中国・日本》の初春の訪れ神　『芸能の古層ユーラシア』（勉誠出版、二〇〇六）所収の「第九章　初春の訪れ神《ロシア・中国・日本》」を転載

第三章　歌垣の昔　「歌垣の始まりの問題―不可視な存在との問答」（奄美沖縄民間文芸学会紀要『奄美沖縄　民間文芸学』第10号所載）を転載

第四章　狩猟地帯の西シベリアからの風

一　西シベリアの熊祭り

（一）ハンテの人々と熊祭り　『新潟日報』誌上連載「西シベリアからの風」〈2〉〈3〉〈4〉（二〇一六年三月二二日～四月一五）を転載

（二）ハンテ人・マンシ人の概況と来歴　『神々と精霊の国』（国書刊行会、二〇一五）所収の「はじめに　ハンテ族・マンシ族の概況と来歴」を修正して転載

二　**日本列島から見た熊祭りの歌と踊り**　『新潟日報』誌上連載「西シベリアからの風」〈10〉〈11〉〈12〉〈13〉〈14〉（二〇一六年八月五日～一〇月七日）を転載

第五章　農耕民と狩猟民の演技の違い

一　**暴れ牛と神さびる熊**　『神々と精霊の国』（国書刊行会、二〇一五）所収の「第第五章　暴れ牛と神さびる熊―牛殺しと熊殺しの違い―」を一部修正して転載

二　**「殺伐な」儀礼からの獅子舞考**　『神々と精霊の国』（国書刊行会、二〇一五）所収の「第四章　殺伐な儀礼の獅子舞考」を一部修正して転載

第六章　熊と人と神　書き下し

おわりに、当著がここに刊行の運びに至るまでにご協力いただいた関係者に心から御礼を申しあげたい。所載の各文章はいずれも筆者の手になるものではあるものの、それらの間に脈絡をつけて一冊の本にまとめ上げることが出来たのには時の運があった。右記の新潟日報紙上の連載執筆は、二〇一五年に刊行の『神々と精霊の国』（国書刊行会）の共著者の一人の赤羽正春氏の勧めによるものであり、当連載は右新聞社の高内小百合女史の企画によるも

のであった。また、刊行にあたっては、国書刊行会のご理解が得られて、編集部の伊藤嘉孝氏には直接に作業を進めていただき、編集長の清水範之氏には背後から応援していただいた。

二〇一七年九月三日

著者識

著者略歴

星野 紘（ほしの・ひろし）
新潟県新発田市生まれ。京都大学文学部卒業。文化庁主任文化財調査官、東京文化財研究所芸能部長を経て、現在東京文化財名誉研究員、独立行政法人日本芸術文化振興会プログラムディレクター。民俗芸能学会、日本民俗音楽学会、芸能学会に所属。主な著書に『歌垣と反閇の民族誌』（1996、創樹社）、『シベリア・ハンティ族の熊送りの芸能』（2001、勉誠社、共著）、『歌い踊る民』（2002、勉誠社）、『芸能の古層ユーラシア』（2006、勉誠社）、『世界遺産時代の村の踊り』（2007、雄山閣）、『村の伝統芸能が危ない』（2009、岩田書院）、『過疎地の伝統芸能の再生を願って』（2012、国書刊行会）、『神々と精霊の国』（2015、国書刊行会、共著）など。

暴《あば》れ牛《うし》と神《かみ》さびる熊《くま》
——供犠《くぎ》と霊送《れいおく》りの民俗誌《みんぞくし》

2017年10月19日初版第1刷印刷
2017年10月24日初版第1刷発行

著者　星野 紘

発行者　佐藤今朝夫
発行所　株式会社国書刊行会
〒174-0056　東京都板橋区志村1-13-15
TEL.03-5970-7421　FAX.03-5970-7427
http://www.kokusho.co.jp

装丁者　山田英春
印刷・製本所　中央精版印刷株式会社

ISBN978-4-336-06213-0　C0039
乱丁本・落丁本はお取り替え致します。